스카이힐
교육위원 이야기

스카이힐 교육위원 이야기

초판 1쇄 발행 2025년 7월 7일
2쇄 발행 2025년 9월 4일

지은이 문일룡
일러스트레이터 김예서
펴낸이 장길수
펴낸곳 지식과감성#
출판등록 제2012-000081호

교정 한장희
디자인 김희영
편집 김희영
검수 정은솔, 이현
마케팅 김윤길

주소 서울시 금천구 벚꽃로298 대륭포스트타워6차 1212호
전화 070-4651-3730~4
팩스 070-4325-7006
이메일 ksbookup@naver.com
홈페이지 www.knsbookup.com

ISBN 979-11-392-2697-3(03810)
값 19,000원

- 이 책의 판권은 지은이에게 있습니다.
- 이 책 내용의 전부 또는 일부를 재사용하려면 반드시 지은이의 서면 동의를 받아야 합니다.
- 잘못된 책은 구입하신 곳에서 바꾸어 드립니다.

지식과감성#
홈페이지 바로가기

미국 최고학군인 페어팩스 카운티에서 6선 교육위원으로 활약 중인 저자가 전해 주는 교육, 미국 사회, 이민 생활, 가족 이야기들.

스카이힐 교육위원 이야기

문일룡 지음 **김예서** 그림

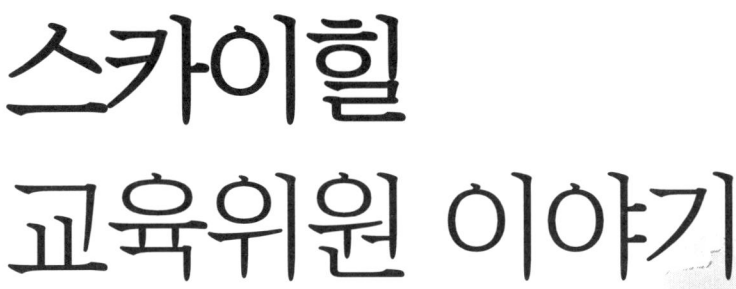

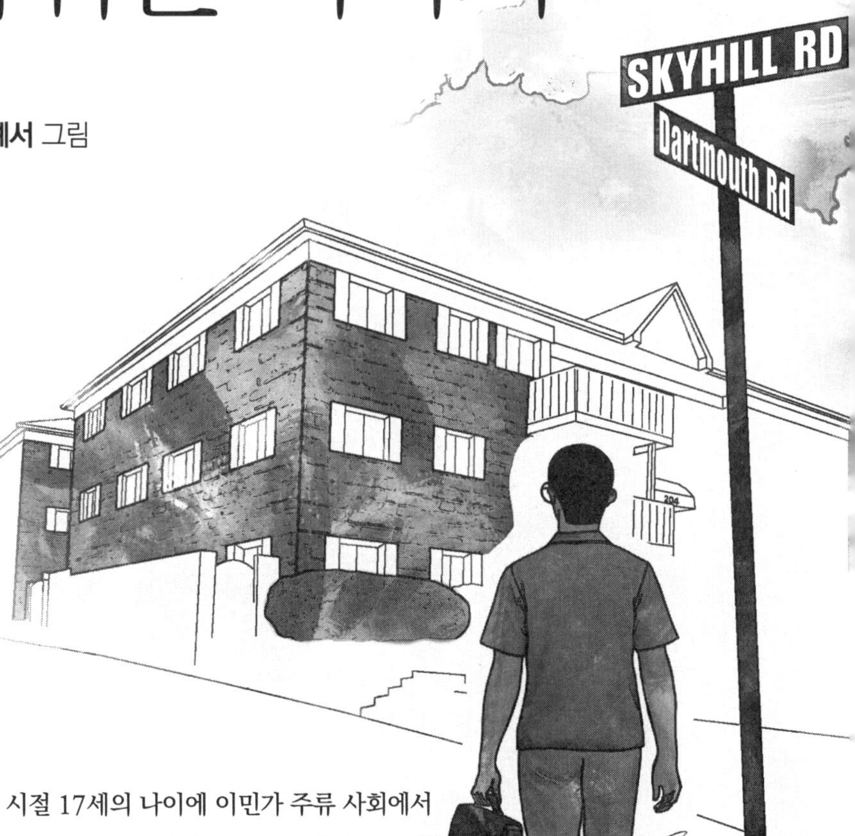

1970년대 가난한 시절 17세의 나이에 이민가 주류 사회에서 30년을 활동해 온 하버드 대학 출신의 은퇴 변호사가 『스카이캐슬 교육위원 이야기』에 이어 나누는 이야기들.

지식과감성#

머리글

고등학교 시절 이민 온 이후, 미국에서 살아온 지도 어느덧 50년이 넘었다. 제법 긴 세월이다. 그사이 직업에서 은퇴하고 할아버지가 되었으며, 선출직 공직에 도전해 실패도 경험했다. 지금은 미국에서 가장 우수한 학군 중 하나로 꼽히는 버지니아주 페어팩스 카운티에서 6선 교육위원으로 일하고 있다.

몇 년 전, 처음으로 『스카이캐슬 교육위원 이야기』라는 제목의 책을 출판했다. 2020년의 일이었다. 이듬해에는 영문판 『Hamburger Coke』도 출간했는데, 제목은 큰아들의 제안이었다. 그에 따르면, 책에 실린 여러 글들 가운데 「Hamburger Coke」라는 글이 전체 내용을 관통하며, 나의 삶을 가장 잘 드러낸다고 느꼈다고 했다. 그 두 권의 책은 1990년대 말부터 내가 사는 지역의 한인 동포 사회 언론에 기고했거나 방송용으로 준비했던 약 700편의 칼럼 가운데 10퍼센트 정도를 선별해 엮은 것이다.

고등학교 시절 미국으로 건너온 나의 글솜씨야 어디 내세울 만한 수준은 아니지만, 오랜 세월 주류 사회에서 겪은 경험과 정보, 그리고 이민자로서 살아온 삶의 여정을 나름대로 되새기며 나누고자 했다. 또한, 미국에서 태어난 나의 두 아들에게 아버지의 이야기를 기록으로 남겨 주고 싶은 마음도 있었다.

이번 책에는 그때 미처 나누지 못했던 글들 중 다시 10퍼센트를 골라 담았다. 우선 한국어판을 출간하고, 이후 영문판도 준비할 계획이다. 미국에서 태어나 자라고 있는 한인 후세들, 그리고 미국인들에게 소개하고 싶은 마음에서다. 나의 손녀를 포함해서 말이다. 이 책을 읽는 독자들이 단 한 편의 글이라도 공감하거나 도움이 되기를 간절히 바란다.

책 제목에 나오는 '스카이힐(Skyhill)'은 내가 미국에 처음 이민 와서 살았던 아파트 단지가 위치한 길 이름이다. 가난하고 어려웠던 1960~70년대 고국의 환경에서 자란 나에게, 이곳은 길 이름 그대로 하늘(sky)과 언덕(hill)이 만난 듯한 느낌을 주기에 부족함이 없었다. 나중에 알게 된 일이지만, 그 아파트에서는 관리사무소의 규칙을 어겨 가며 우리 가족 5명과 몇 달 뒤 합류한 육촌 형까지, 총 6명이 두 개의 침실밖에 없음에도 함께 지냈다. 가구는 가장 저렴한 가구점이나 중고 가구점에서 구입한 것들이었지만, 단칸방에서 살아온 우리에게는 사치스럽다고 느낄 정도였다. 그곳에서 나의 이민 생활은 시작되었다.

이 책이 나오기까지 여러 사람의 도움이 있었다. 내 글을 지면에 실어 주고 방송에 사용하도록 허락해 준 워싱턴 한국일보, 주간 워싱턴 미디어, 그리고 라디오 AM1310에 깊이 감사드린다. 따로 표기가 안 된 글들은 모두 워싱턴 한국일보에 게재되었던 글이다. 글머리에 적혀 있는 날짜는 신문 게재나 방송 날짜이다. 또한 챗지피티도 유용하게 사용했다. 예전과 달리 어쨌든 1차 글다듬기를 맡길 수가 있어 마음이 편했다. 인공지능의 일 속도가 빠르고 놀라웠다.

서평을 해 준 두 지인들에게도 감사드린다. 별로 많이 시간을 못 드리고 부탁했는데도 불평 없이 응해 주셨다. 박정혁 교수는 같은 교회 교인으로 주일학교에서 중고등부 학생들을 가르치면서, 그리고 주현영 화가는 지역 사회에서 같이 활동하며 알게 된 사이이다.

그러나 무엇보다도 책의 표지 디자인 그림을 비롯해 본문 곳곳에 일러스트레이션을 제공해 준 김예서(Claire Y. Kim) 양에게 특별히 고마움을 전하고 싶다. 현재 고등학교 11학년(한국의 고등학교 2학년)을 막 마치고 가을에 12학년에 진학하는 예서 양은 미술뿐 아니라 음악, 스포츠, 학업 등 다양한 분야에서 뛰어난 재능을 지니고 있으며, 리더십 또한 출중하다. 실제로 페어팩스 교육위원회가 주관하는 올해의 Student Leadership Program에 나의 Student Leader로 선정되기도 했다. 이 프로그램에는 매년 단 12명의 학생만이 선발된다. 공부와 여러 활동으로 바쁠 텐데도 큰 도움을 주어 감동받았다. 앞으로도 지금처럼 성실히 노력하여 원하는 대학에 진학하고, 사회에 큰 공헌을 할 수 있는 인물로 성장하길 바란다.

이 머리글을 마치며, 작년에 50년간의 미국 이민자로서의 삶을 되돌아보고 40년 동안의 변호사직에서의 은퇴를 앞두고 썼던 글을 아래에 다시 나눈다.

반세기를 되돌아보며
2024년 8월 23일

이달 말이면 내가 미국에 이민 온 지도 반세기가 된다. 학교에서 역사 시간에 배우던 '세기'라는 단어가 내 삶에도 적용된다는 사실이 어딘가 생소하게 느껴진다. "미국에서 참 오래 살았구나"라는 생각이 절로 든다.

나는 1974년 8월 말, 17세 고등학교 2학년이던 해에 미국으로 왔다. 어머니, 두 여동생과 함께였다. 우리보다 1년 먼저 미국에 오신 아버지께서 버지니아주 알렉산드리아시에 새로운 삶의 터전을 마련해 두셨고, 우리는 그곳에서 가족이 다시 한자리에 모였다.

그때 한국에는 아직 인천공항이 없었기 때문에 김포공항에서 출발했다. 우리 가족 중 아버지를 제외하고는 모두 처음 비행기를 타는 경험이었다. 당시 대한항공이 아직 미국 동부로 취항하지 않았기에, 지금은 사라진 노스웨스트 항공편을 이용해야 했다. 비행기에 탑승하려면 공항 청사를 나와 활주로를 걸어가 트랩을 올라야 했고, 청사 내에는 가족과 친구들이 떠나는 이들을 배웅할 수 있도록 마련된 환송 장소가 있었다. 그곳에서는 먼 이국으로 떠나는 가족을 향해 손을 흔들며 눈물로 작별을 고하는 장면이 흔했다.

지금은 기억이 희미하지만, 우리가 탄 비행기는 먼저 일본 도쿄에 기착했던 것 같다. 이후 같은 항공편으로 이동해 다음 기착지는 미국, 아마 시카고였던 것으로 기억한다. 그곳에서 입국 수속을 밟고 이민 가방도 모두 챙겼다.

그때 나는 단순히 우리 가족만이 아니라, 대구에서 온 또 다른 가족까지 책임져야 했다. 김포공항에서 처음 만난 이들은 아버지와 미국에서 한동안 룸메이트로 지냈던 분의 젊은 부인과 그녀의 두 어린아이였다. 영어를 한두 마디밖에 못 하던 내가, 낯선 공항에서 두 가족, 총 여섯 명을 이끌고 워싱턴 덜레스 공항행 연결 항공편을 찾아야 했다.

그러나 경험도, 언어도 부족한 나에게 그 일은 쉽지 않았다. 어디로 가야 할지 물어보지도 못한 채 손목시계를 보며 서둘러 걸었는데, 아뿔싸, 반대 방향으로 가고 있었다. 맨 뒤를 따라오던 다섯 살 막내 여동생이 작은 몸으로 커다란 가방을 힘겹게 끌며 가족들을 놓치지 않으려 애쓰는 모습이 눈에 들어왔다.

나를 찾는 장내 방송이 있었지만, 영어를 못 알아들었기에 아무런 조치를 취할 수 없었다. 결국 항공사 직원들이 직접 나를 찾아 나섰고, 우리가 발견된 것은 이미 연결 항공편이 출발한 뒤였다. 직원들은 우리를 조용한 곳으로 안내하며 안심시켜 주었고, 결국 그날 밤 출발하는 다른 항공편으로 우리 가족 4명만 먼저 보내졌다.

그 덕에 나는 버지니아에 계신 아버지께 상황을 전할 수 있었지만, 어린 두 아이와 함께 남게 된 젊은 어머니는 항공사에서 마련해 준 호텔에서 하룻밤을 보내야 했다. 겁에 질려 흐느끼는 그녀를 두고 떠나야 하는 내 마음이 무척 불편했다. 그렇게 나는 미국 이민 신고식을 치렀다.

그 후 50년이 흘렀다.

첫 10년은 학업에 집중했다. 한국에서 이미 고등학교 1학년을 마쳤지만, 미국에서는 다시 10학년(4년의 고등학교 과정 중 2학년)부터 시작해야 했다. 그렇게 고등학교 3년을 마치고, 대학교에 진학해 동아시아학을 전공했다. 중국을 배우는 데 초점을 두고 중간에 중국어를 공부하기 위해 1년을 대만에서 보내기도 했으니, 학부 과정은 총 4년이 걸렸다. 이후 로스쿨에서 3년을 더 공부했다.

학업을 마친 뒤 첫 10년은 변호사로 일하는 데 전념했다. 버지니아주 알링턴에서 변호사 생활을 시작해 1980년대 후반에는 애난데일로 사무실을 옮겼다. 그리고 1995년, 교육위원직에 도전하면서 변호사 업무와 공직 생활을 병행한 지도 어느덧 30년이 되었다.

그사이 두 아들은 미국에서 태어나 장성했고, 손녀도 하나 태어났다. 고등학생으로 미국 생활을 시작한 내가 이제는 할아버지가 된 것이다. 부모님은 두 분 모두 돌아가셨다.

그러나 50년을 살았어도 여전히 영어는 어렵고, 미국에서의 삶이 언제나 편안한 것만은 아니라고 느낀다. 그렇다고 한국으로 돌아가 살겠다는 생각은 하지 않는다. 다만, 이민자로서의 삶이 50년이 지난 지금도 여전히 공허한 부분을 남긴다는 사실을 깨닫는다.

요즘, 변호사 업무에서 은퇴할 준비를 하고 있다.[1] 은퇴 후에도 완전히 일을 손에서 놓지는 않을 생각이지만, 그래도 40년 가까이 천직이라 여겨 왔던 일을 내려놓는다는 것이 마음을 긴장시키는 것은 사실이다.

마치, 또다시 이민을 가는 것 같은 기분이다.

미국에서 한밤중에 했던 첫 식사, 아마 같은 아파트 단지에 사는 아버지의 한인 직장 동료가 사진을 찍어 주었을 거다. 시계가 거의 새벽 4시를 가리킨다. 배고팠던 시절, 접시에 듬뿍 담긴 흰쌀밥이 이채롭다.

---

1) 변호사 업무는 2024년 11월 말로 거의 대부분 손을 놓았다. 마지막으로 처리해야 할 클라이언트 일 몇 가지를 집에서 마무리하고 있다.

목차

머리글 · 4

1장 삶의 여정

여는 글	· 16
옛 편지들	· 18
오래된 책들을 정리하면서	· 22
대만 방문	· 26
김용, 이홍렬 그리고 나	· 30
옛 은인 찾기	· 34
옷 수선 이야기	· 38
폭설 이야기	· 42
바둑	· 46
알파고와 이세돌 도전 바둑 대국	· 51
0.3초 규칙	· 55
규칙 존중	· 59
욕심과 미움	· 62
디자인 결함	· 66
서로 다름에 대한 이해	· 69
코미디클럽 방문기	· 73
추수감사절을 보내면서	· 77

2장 이민 생활

여는 글	◦ 82
박재훈 목사님	◦ 84
A Seat at the Table	◦ 88
40년 후배들과의 만남	◦ 91
뿌리 교육	◦ 94
늦깎이 학생	◦ 98
라마단 저녁 식사	◦ 102

3장 교육 이야기

여는 글	◦ 106
계층 상승 사다리	◦ 108
대학교 합격 통지	◦ 111
Hail Mary	◦ 115
한국어 공부	◦ 118
백투스쿨 나이트	◦ 122
교장직	◦ 125
교육감의 세배 받기	◦ 128
나에게 가장 자유로웠던 시간	◦ 132
인공지능 사용	◦ 137

교육감의 정치성	∘ 141
무기명 투표	∘ 144
웃긴 놈	∘ 147
한국 방문 에피소드	∘ 151
한국에서의 교사 채용 진행 소식	∘ 156

4장 미국 사회

여는 글	∘ 160
문화 충격	∘ 162
육아(育兒)	∘ 165
무임승차	∘ 168
회장 자리	∘ 172
언어 공부	∘ 174
아버지와 아들 맥켈빈	∘ 177
성숙한 이별	∘ 181
밥 사기 문화	∘ 184
반주(飯酒) 문화	∘ 187
애난데일 로터리클럽 어머니	∘ 191

5장 아버지와의 관계

여는 글	◦ 196
아버지	◦ 198
아버지의 반격	◦ 203
아버지를 떠나보내며	◦ 208
아버지에게 못다 한 말	◦ 213
생명	◦ 216

6장 자식 이야기

여는 글	◦ 220
부자지간(父子之間)	◦ 222
자녀들이 실수할 때	◦ 226
둘째와의 대화	◦ 231
반지 이야기	◦ 235
목발 달리기	◦ 239
아들의 지적	◦ 242
무엇이 더 중요해요?	◦ 245
TV와 비교	◦ 248
산타의 선물	◦ 250

부모의 성장고통 ∘ 253
결혼 조건 ∘ 256

7장 음식에 얽힌 사연

여는 글 ∘ 262
도토리묵 ∘ 264
팝콘 ∘ 268
찬물 ∘ 271
피자와 베이글 ∘ 274
에그푸영 ∘ 277
라면 ∘ 280
아이스크림 ∘ 284

맺음글 ∘ 288

일러스트레이터의 소감 ∘ 291
저서 소개 ∘ 294

1장
삶의 여정

여는 글

백세시대를 살고 있으면서도 부모님 두 분 모두를 떠나보내고, 그사이 40년의 변호사직에서 은퇴하며 할아버지가 되기까지 살아온 여정을 뒤돌아보는 일이 잦아졌다. 열심히 살았다고는 하지만 후회로 다가오는 일들도 많고, 아쉬움이 남는 순간들도 여럿이다. 남은 시간을 좀 더 보람 있게 살고 싶다는 욕심이 들 때면, 그래도 내가 거쳐 온 여정에서의 족적이 하나의 가이드라인이 되어 주기도 한다.

이 장에 담은 글들이 나의 삶을 모두 보여 주는 것은 물론 아니다. 대표적인 경험과 생각을 담았다고도 할 수 없다. 일부 관련 글들은 몇 년 전 출판했던 다른 책에서 이미 소개한 바 있다. 그러나 부끄럽고 부족하다고 느꼈던 나나 다른 이들의 일들도 돌아보면, 그럴 수 있다는 마음의 여유가 조금씩 찾아옴을 느낀다. 어쩌면 그것은 나 역시 다른 사람들로부터 나의 허물에 대해 너그러움을 바라는 마음에서 비롯된 것일지도 모른다는 생각을 한다.

사물 판단의 기준, 살아온 배경, 그리고 성격이 서로 다른 사람들이 모여 사는 것이 우리 사회이다. 그러기에 갈등은 필연적으로 있을 수밖에 없다. 그러나 그런 갈등을 겪을 때나 우리 모두 각자 나름대로의 삶의 여정을 걸어갈 때, 남을 좀 더 배려하고 사랑을 베풀 수 있다면 얼마나 좋을까.

요즘은 오랫동안 알고 지내던 지인들을 하나둘씩 잃는다. 그리고 때로는 그들을 추모하는 인사말을 내가 하게 되기도 한다. 그러면서 문득, 훗날 내가 떠난 후 나의 지인들은 과연 내 삶의 여정에 대해 어떤 말을 할까 생각해 본다.

옛 편지들
2020년 8월 21일

고등학교 1학년을 마치고 미국으로 이민을 온 나에게는 한국에서의 고등학교 친구들보다 중학교 친구들이 더 가깝게 느껴진다. 특히 내가 다녔던 중학교는 개교한 지 얼마 되지 않아, 나는 겨우 2회 졸업생이었다. 그런 신생 학교에서 함께했던 친구들과는 남다른 유대감이 형성되었다.

처음 이 학교에 배정되었을 때, 낯선 이름이었기에 위치조차 몰라 수소문해야 했다. 서울 영등포구 시흥동, 그것도 산 중턱에 자리 잡은 학교였다. 게다가 남녀공학이었는데, 당시에는 남녀공학이 흔치 않았다.

입학식 날 본 학교 건물은 초라했다. 그다음 해 신입생을 받을 교실조차 부족한 상태였고, 1학년 때 내내 증축 공사가 진행되었다. 돌산을 깎아 만든 운동장에는 나무도 거의 없었다. 그래서 월요일과 토요일 아침 조회가 끝나면 전교생이 운동장에 흩어진 돌을 줍는 것이 일상이었다.

비가 오면 산비탈의 흙이 쓸려 내려와 학교 곳곳이 엉망이 되곤 했다. 이를 막기 위해, 식목일뿐만 아니라 중학교 2학년 때부터는 실업 시간에도 나무 심는 작업을 했다. 나무를 심는 것이 좋은 일이라는 것은 알았지만, 학비를 내면서 무상노동까지 해야 하는 것이 어린 마음에도 쉽게 이해되지는 않았다.

반 배정은 성적에 따라 이루어졌다. 3학년 때는 전교 1등부터 30등까지가 맨 아래 1등부터 30등과 같은 반이 되었다. 하지만 국어, 영어, 수학, 과학 등의 주요 과목은 다시 성적순으로 편성되어 1등부터 60등까지 한 반에서 수업을 받았다. 반면, 미술, 음악, 체육 같은 과목은 원래 배정된 반에서 진행되었다. 이렇게 3년을 함께 보내다 보니, 자연스레 중학교 친구들이 더욱 가까워졌다. 그래서 나는 한국을 방문할 때마다 제일 먼저 중학교 친구들을 만난다.

2년 전, 이런 친구들에게 특별한 선물을 하기로 했다. 미국을 떠나기 전, 나를 만나러 나오는 친구들의 명단을 받았다. 그리고 예전에 그 친구들이 미국에 있는 나에게 보냈던 편지들을 찾아 보았다. 다행히도 대부분의 친구들의 편지를 보관하고 있었다.

편지 한 장씩을 복사해 각각 봉투에 담았다. 그리고 친구들에게 건넸다. 친구들은 깜짝 놀랐다. 자신들이 고등학교와 대학교 시절, 70년대에 보낸 편지를 내가 40년 넘게 간직하고 있을 줄은 몰랐던 것이다. 편지를 받아 든 친구들은 한참을 들여다보았다. 오래된 글씨 속에서 자신들의 옛 모습을 다시 만난 듯했다. 그 편지들을 보며, 친구들은 그 시절에 자신이 어떤 생각을 했고, 어떤 고민을 했는지 되새겼다.

나도 오래된 편지들을 여전히 가지고 있다. 왜 그렇게 보관했는지는 정확히 모르겠다. 70년대 중반 미국에 온 후 약 10년간 받은 편지들을 모아 두었는데, 그 후로는 많지 않다. 아마 나도 80년대 중반까지는 손 편지를 썼지만, 이후에는 점점 줄어들었던 것 같다.

요즘도 가끔 몇 장씩 꺼내 읽는다. 그 편지들 속에는 당시의 내가 담겨 있다. 그 편지들은 내가 쓴 글에 대한 답장이기도 하고, 또 답장을 썼을 내용을 전제하면 결국 내 모습이 그대로 투영되어 있다. 어떤 편지는 종교적인 내용을 담고 있고, 어떤 것은 친구들의 고민이 적혀 있다. 때로는 부끄러운 내용도 있고, 감동적인 내용도 있다.

최근 들어 집 안의 물건들을 조금씩 줄여야겠다는 생각을 하고 있지만, 이 편지들만큼은 차마 손댈 수 없을 것 같다. 내 삶의 한 조각이자, 지나온 시간의 흔적이기 때문이다.

가끔 스캔해서 컴퓨터에 저장하면 어떨까 생각하지만, 직접 봉투에서 꺼내어 손가락으로 종이를 넘기며 읽는 감각은 절대 재현할 수 없을 것이다.

그리고 앞으로는 이메일이나 문자뿐만 아니라, 가끔은 손 편지를 써야겠다는 생각이 든다. 특히, 내가 사랑하는 사람들에게는 말이다.

중학교 친구들과 중학교 3학년 때의 담임 선생님 그리고 대학교 때의 교회 친구가 보내왔던 편지들과 엽서. 내가 미국에서 처음 살았던 스카이힐 로드 아파트와 그 후에 이사 갔던 집 주소가 보인다.

오래된 책들을 정리하면서

2021년 8월 20일

나는 32년째 같은 집에서 살고 있다. 결혼 후 몇 년 사이에 두 번째로 구입한, 그다지 크지 않은 집이다. 이제는 오히려 더 작은 곳으로 옮겨도 될 것 같다는 생각을 여러 해 동안 해 왔지만, 막상 실천하지 못하고 있다.

이유 중 하나는 독립해 집을 떠난 두 아이가 휴가 때 돌아왔을 때, 어려서부터 자랐던 집이 그대로 있으면 포근함을 느낄 수 있지 않을까 하는 생각 때문이다. 큰아이는 두 살이 채 되기 전에, 그리고 작은아이는 이 집에서 태어나 자랐다. 하지만 사실, 더 큰 이유는 집에 쌓여 있는 물건들을 정리할 자신이 없기 때문이 아닐까 싶다.

나는 쉽게 버리지 못하는 성향이다.

이민 온 고등학교 시절인 1974년부터 받아 온 손 편지들을 아직도 보관하고 있다. 한국에서 교회 중고등부 학생회에서 발간한 잡지 창간호도 가지고 있다. 대학 졸업 당시, 보스턴 지역 한인 졸업생들을 위한 축하 예배에서 사용했던 순서지도 여전히 간직하고 있다.

버리지 못하는 것 중 하나는 책이다. 이미 읽은 책도 많지만, 언젠가 꼭 읽어야지 하고 책장에 그대로 꽂아 둔 것들도 상당수다. 고등학교 시절 아꼈던 책들은 하얀색 종이 커버로 싸 두기도 했다.

하지만 당장은 아니더라도, 언젠가 이사를 가려면 가지고 있는 물건들을 줄여야 한다. 책도 예외는 아니다. 그래서 최근, 나름대로 큰 결단을 내렸다. 브리태니카 백과사전 전집과 오래된 바둑 잡지들을 정리하기로 했다.

아직도 백과사전을 가지고 있는 사람이 있을까 싶을 것이다. 요즘은 인터넷 검색만으로 찾지 못할 정보가 거의 없지만, 내가 이민 왔던 1970년대, 그리고 1980년대까지만 해도 한인 사회에서 브리태니카 백과사전은 없어서는 안 될 필수품이었다.

당시, 이민 1세대 부모들은 경제적으로 넉넉하지 않았지만, 자식들의 교육과 미래를 위해 이민을 선택한 만큼 교육에 대한 자부심이 강했다. 그래서 백과사전이 꼭 필요하다는 세일즈맨의 호소를 외면하기란 어려웠다.

한인 부모들 사이에서는 자녀를 위해 백과사전을 구입했다는 이야기가 흔했다. 자녀의 교육을 위해 어려운 재정 형편에서도 한 질을 마련하는 부모들이 많았다. 우리 부모님도 마찬가지였다. 호텔, 학교, 가정집 청소 등 투잡을 하며 긴 오버타임도 마다하지 않던 부모님은 결국 30권짜리 한 질을 구입하셨다.

하지만 솔직히 말하면, 그 백과사전을 자주 사용하지는 않았다. 실질적으로 그만큼의 필요는 없었던 것이다. 그럼에도 불구하고, 나는 그 사전을 40년 가까이 책장에 꽂아 두고 있었다. 그러나 이제 정리하기로 했다.

기념으로 사진 한 장만 남기고 말이다. 그리고 그 사진을 자식들에게 보내야겠다.

할아버지와 할머니의 희생과 사랑이 나를 있게 했고, 그로 인해 지금의 너희들도 존재하는 것이라고 덧붙이면서.

월간 바둑 잡지는 100권가량 되니, 여러 해 동안 꾸준히 모아온 것이다.

내가 대학교 1학년 때, 당시 한국 바둑계의 최고 원로였던 조남철 국수가 바둑 보급을 위해 보스턴을 방문한 적이 있었다. 그때 나에게 통역을 부탁한다는 요청이 왔다. 내가 바둑을 좋아한다는 사실이 알려졌기 때문인 듯했다. 그렇게 맺어진 인연으로 인해, 한국기원에서 오랫동안 바둑 잡지를 보내 주었다.

요즘은 바둑 소식이나 기보를 온라인에서 쉽게 접할 수 있어 그 필요성이 줄었지만, 당시에는 바둑 잡지가 바둑을 알리는 중요한 매개체였다. 이 잡지들도 이제 한 권만 남기고, 기념사진 한 장을 찍은 후 정리하기로 했다.

이 책들 말고도 정리해야 할 물건이 많다. 하나하나에 담긴 추억을 생각하면 쉽지 않은 일이다. 하지만 눈에 보이지 않는다고 해서, 그 추억들이 가슴에서까지 사라지는 것은 아닐 것이다. 과거에만 머물러 있지 않기 위해서라도, 가슴속에, 그리고 글과 사진 속에 담아 두고 앞으로 나아가야 할 것 같다.

조남철 국수님이 한국기원을 통해
여러 해 동안 보내 주셨던 바둑 잡지들

브리태니카 백과사전

미국 이민 올 때 한국에서 가지고 온 사전들

대만 방문
2023년 12월 1일

　내가 살아온 시간 중 가장 마음이 편안했던 때를 떠올리면, 미국에 이민 와 대학을 다니던 시절, 1년을 휴학하고 대만에서 지냈던 때가 떠오른다. 대학교 3학년을 마친 후, 중국어 공부의 필요성을 느꼈다. 장래에 외교관이 될 생각도 있었다. 하지만 1979년 당시, 미국과 중국이 막 외교 관계를 복원했을 뿐이라 나 같은 학생들이 중국 본토에서 공부하는 것은 허용되지 않았다. 따라서 중국어를 배우려면 홍콩이나 대만 중 하나를 선택해야 했는데, 나는 대만을 택했다. 대만이 홍콩보다 더 큰 나라였고, 홍콩처럼 영어가 공용어가 아니어서 영어 사용의 유혹도 피할 수 있었기 때문이다.

　나는 학점 취득의 부담을 피하고 싶어 대학에서 제공하는 Study Abroad 프로그램(외국 대학에서 정규 과정의 연장선상에서 학점을 취득하는 프로그램)을 이용하는 대신, 휴학을 하고 내가 원하는 방식으로 중국어를 배우기로 했다. 미국으로 이민을 오면서 학년을 1년 반 낮춰 입학한 터라 대학교 동급생들보다 이미 나이가 많았지만, 1년을 더 쉬는 것에 대한 부담은 없었다. 굳이 서둘러 졸업해야 한다고 생각하지 않았다.

　그때 가졌던 삶의 여유는, 돌이켜 보면 60대 중반에 접어든 지금까지도 다시 찾아오지 않았다. 그래서 나는 내 아이들을 키우면서, 그리고 주변의 젊은이들과 이야기를 나눌 때, 그런 기회를 만들어 보라고 종종 권했다. 인생을 100미터 단거리 경주처럼 정신없이 달릴 필요는 없다고, 오히려 마라톤처럼 길게 보라고 말이다. 또한, 평소와 전혀 다른 환경에서 살아 보는 경험이 중요하다고 강조했다.

내 이야기를 귀담아들었는지, 아이들은 각자 나름의 방식으로 그런 기회를 만들었다. 큰아이는 이직할 때 일부러 시간을 내어 몇 달간 후진국에서 살아 보았고, 작은아이는 박사 과정 중 1학기를 유럽에서 연구하는 프로그램에 참여했다. 자신과 다른 환경에서 살아가는 사람들의 모습을 가까이에서 경험하는 것은 삶의 시각을 넓히고, 타인을 이해하는 데 큰 도움이 된다.

그런 추억을 떠올리며, 최근 며칠 시간을 내어 대만을 다녀왔다. 11월 교육위원 선거를 치른 후, 잠시 쉬기로 했기 때문이다. 이번 방문이 대학 시절 이후 처음은 아니었지만, 마지막으로 다녀온 것이 30여 년 전이라 꽤 설레었다. 며칠 먼저 머문 서울보다 훨씬 따뜻한 대만의 기온은, 45년 전 꿈 많던 시절을 떠올리게 하며 마음을 한층 푸근하게 만들었다.

이번 방문에서 꼭 하고 싶은 일이 몇 가지 있었다. 우선, 큰아이의 결혼식이 팬데믹 기간 중 열리는 바람에 직접 만나 인사를 나누지 못했던 사돈을 찾아뵙는 것이었다. 결혼식이 미국에서 열려 나는 참석할 수 있었지만, 며느리의 부모님은 대만 정부의 방역 방침으로 인해 미국에 올 수 없었다. 이번 만남을 통해 큰아이를 사위로 받아들여 주신 것에 감사의 뜻을 전할 수 있었고, 서로를 더 잘 알아 가는 시간도 가질 수 있어 뜻깊었다.

또 하나의 방문 목적은, 내가 대만에서 다니던 교회의 담임 목사님을 찾아뵙는 것이었다. 이제 아흔을 바라보는 연세라 더 늦기 전에 꼭 한번 뵙고 싶었다. 올해 초, 비슷한 연배이었던 아버지를 떠나보내면서, 주변의 어른들이 늘 곁에 계시는 것이 아니라는 사실을 절실히 깨달았다. 그래서 아직 기회가 있을 때, 내 삶에 영향을 주신 분들께 감사의 인사를 전해야겠다고 생각했다. 세월이 흘러 많이 야위고 등이 굽으셨지만, 여전히 꾸준히 선교 활동을 이어 가는 목사님의 모습에서 깊은 감동을 받았다. 건강하시길 기원하며, 오래도록 그분의 사역이 이어지기를 바랐다.[2]

마지막으로, 대학 시절 내가 머물던 곳을 찾아가 보았다. 물론 한때 살았던 방 한 칸짜리 아파트 안까지 들어가 볼 수는 없었다. 하지만 그 앞 골목길을 걸으며, 매일 아침 식사로 사 먹던 油條(긴 도넛)과 燒餅(구운 빵)을 豆漿(콩국)과 함께 즐기던 작은 식당을 마주하며 옛 추억에 잠길 수 있었다. 그 시절, 단돈 미화 25센트도 채 되지 않는 돈으로 간단한 아침 식사를 해결하며 하루를 시작했던 기억이 새록새록 떠올랐다.

다시 대만을 방문할 기회가 있을지 모르지만, 이번 여행을 통해 내게 소중했던 시절을 다시금 되새길 수 있어 참 감사했다. 젊은 날의 나를 돌아보며, 꿈을 꾸었던 순간들을 되짚어 보는 것만으로도 충분히 의미 있는 시간이 되었다.

---

[2] 김달훈 목사님/선교사님은 지난 2월에 대만에서 돌아가셨다. 한국 천안의 망향의동산에 안장되었다고 한다.

2023년 대만 방문 시 김달훈 목사님과 그 외 다른 한인 선교사님들과 함께

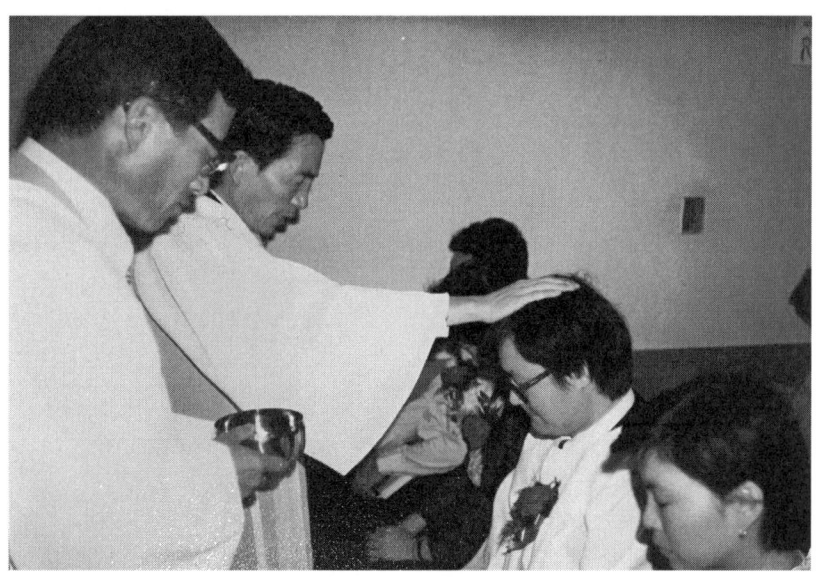

1980년 봄 대만에서 공부하던 시절 다니던 타이페이한인교회에서
김달훈 목사님이 나에게 세례를 주는 장면

김용, 이홍렬 그리고 나
2013년 4월 5일

2009년 3월로 기억한다. 어느 날, 이곳 한인 동포 사회 신문을 넘겨 보다가 깜짝 놀랐다. 나와 너무 닮은 사진 한 장이 크게 실려 있었기 때문이다. 거의 감겨 있는 듯한 눈, 훤한 이마, 그리고 오목조목 자리 잡은 눈, 코, 입이 정말 나와 흡사했다. 주위 사람들에게 그 신문을 보여 주자 모두가 입을 모아 나와 똑같이 생겼다고 했다. 사진 속 주인공은 바로 "김용" 씨였다.

당시 신문에 그의 사진이 실린 이유는 다트머스 대학교 총장으로 임명되었기 때문이었다. 그는 아시아인 최초로 미국 아이비리그 대학 총장이 된 인물이었다. 1959년 서울에서 태어나 다섯 살 때 가족과 함께 미국 아이오와주로 이민을 떠났다. 유복한 가정에서 성장한 그는 브라운 대학교에서 학사 학위를 받고, 하버드 대학교에서 의학과 인류학으로 박사 학위를 취득했다. 이후 하버드 보건·사회대학 과장과 세계보건기구(WHO) 에이즈 국장을 역임했으며, 의료 자선단체를 설립해 결핵 퇴치를 위한 대대적인 치료 활동을 벌이기도 했다. 그리고 2012년 3월, 오바마 대통령의 천거로 세계은행 총재로 선출되었다. 물론, 한국계 미국인으로서는 최초였다.

한편, 이홍렬은 김용 총재보다 다섯 살 연상인 한국의 유명 개그맨이자 MC이다. 중학교 2학년 때부터 개그맨이 되고 싶었다는 그는 어려운 가정 형편 때문에 고등학교를 공업계로 진학했다. 대학에 갈 형편이 되지 않아 졸업 후 직장을 잡았지만, 연예인이 되겠다는 꿈을 포기할 수 없었다. 여러 차례 연예계의 문을 두드리다 결국 군에 입대했고, 33개월의 복무를 마친 후 우여곡절 끝에 1979년 3월, 라디오와 TV를 통해 데뷔했다. 이후 꾸준한 노력 끝에 한때 한국에서 최고의 개그맨이자 MC로 자리 잡았다.

그런데 이홍렬 씨 역시 김용 씨와 마찬가지로 나와 닮았다. 아니, 그가 나보다 연상이니 내가 그를 닮았다고 하는 것이 더 맞는 표현일 것이다. 아담한 키, 평소 떠 있는지 감겨 있는지 분간하기 어려운 눈, 큰 얼굴과 시원한 이마까지 ― 우리는 영락없이 닮은꼴이었다. 그렇다면, 내가 이홍렬 씨를 닮았고, 김용 총재가 나와 흡사하다면, 결국 이홍렬 씨와 김용 총재도 서로 닮았다는 결론이 나온다. 즉, 나이 차가 많지 않은 우리 셋은 형제처럼 비슷한 얼굴을 가졌다는 이야기다.

오래전, 동포 사회 TV에서 이홍렬 쇼가 방영된 적이 있었다. 일주일에 한 번 정도 방송되었는데, 나도 가끔 보곤 했다. 특히 '참참참'이라는 요리 프로그램이 재미있었다. 이 프로그램이 인기를 끌면서 주위에서 나와 이홍렬 씨가 닮았다는 얘기를 하는 사람들이 생겼다. 그러나 당시에는 사람들이 나를 놀리는 것 같아 기분이 썩 좋지 않았다. 그렇지만 내색하지 않고 태연한 척했다. 오히려 "그런 얘기를 듣는 것은 영광이다. 사실 내가 이홍렬 씨만큼 될 수 있다면 얼마나 좋겠느냐. 그처럼 자신의 분야에서 최고로 인정받는 사람을 찾기란 쉽지 않다. 나도 내가 종사하는 분야에서 그렇게 인정받고 싶다"라고 말하곤 했다. 왜냐하면, 외모가 닮았다는 말을 듣고 기분이 상하는 것은 결국 나 자신의 모습을 부정하는 것과 다름없다는 걸 알고 있었기 때문이다.

그런데, 몇 년이 지나고 사람들이 김용 씨와 나의 닮은 모습을 이야기할 때는 과거와 전혀 다른 감정을 느꼈다. 이홍렬 씨 때와는 달리, 오히려 기분이 좋았다. 더 이상 "김용 씨가 얼마나 훌륭한 인물인가, 나도 그만큼 인정받는 사람이 되어야 하지 않겠는가"라는 식의 변명이나 구차한 설명을 할 필요도 없었다.

누구와 비교되든 나의 모습이 달라지는 것은 아니다. 그러나 비교 대상에 따라 내 감정이 달라졌다는 점에서 반성할 필요가 있었다. 혹시 내가 비교 대상의 직업이나 사회적 위치에 따라 스스로 높낮이를 두고 있던 것은 아닐까? 대학 총장이나 세계은행 총재와 닮았다는 말을 들었을 때와 개그맨과 비슷하다는 말을 들었을 때의 반응이 극명하게 달랐던 것은, 내 안에 무의식적인 편견이 있었기 때문인지도 모른다.

사실 이홍렬 씨는 그가 걸어온 길과 극복한 어려움을 고려할 때, 김용 총재보다 평가 절하될 이유가 없다. 어려운 환경에서도 굴하지 않고 자신의 꿈을 향해 전력 질주해 성공한 사람이다. 대학 공부를 제때 하지 못한 것이 후회되어 30대 중반에 대학에 입학했고, 4년 동안 성실히 공부해 졸업하기도 했다. 나 역시 본받아야 할 점이 많은 사람이다. 그런데 나는 사회적 지위를 기준으로 사람을 평가하는 실수를 범했다.

교육위원으로서 평소 참된 인성 교육의 중요성을 강조하면서도, 정작 내 마음속에서는 그러한 가치를 온전히 실천하지 못했다는 사실을 깨닫고 부끄러움을 느꼈다.

옛 은인 찾기
2021년 7월 9일 - 2021년 7월 23일

얼마 전, 오래된 기억 속의 은인이 문득 떠올랐다.

로스쿨 1학년을 마친 여름방학 때였다. 친구와 함께 캐나다 노바스코셔로 여행을 떠났다. 오래된 차를 타고 갔는데, 에어컨이 고장 나 있었다. 그래도 장거리 여행이 가능할지 미리 점검을 마쳤다.

버지니아에서 출발해 보스턴을 지나 계속 북쪽으로 향하던 중, 차에 이상이 생겼다. 엔진이 가속된 후에도 액셀러레이터에서 발을 떼면 속도가 줄어들지 않았다. 브레이크를 밟으면 속도를 낮출 수는 있었지만, 엔진 회전수는 조절되지 않았다. 결국 차를 세울 때마다 보닛을 열고 직접 액셀러레이터 레버를 손으로 조작해야 했다.

정지 신호나 빨간불에서는 더욱 난감했다. 온 힘을 다해 브레이크를 밟아 차를 세우면, 동승자가 급히 차에서 내려 보닛을 열어야 했다. 혹시라도 엔진이 갑자기 멈춰 버리면 어쩌나 하는 걱정도 컸다. 하지만 낯선 곳에서 어디서 수리를 받아야 할지 막막했다. 결국 메인주 Bar Harbor까지 차를 몰고 가서 배에 싣고, 노바스코셔 Yarmouth에 내린 후 수도인 Halifax까지 이동했다. 그곳에서 차를 고쳐 보기로 했다.

그러나 어디서 수리를 맡겨야 할지 난감했다. 그때 문득 한인의 도움을 받아야겠다는 생각이 떠올랐다. 외지에서는 같은 동포가 더 신뢰할 만한 정보를 줄 수 있을 것 같았다. 1980년대 초반이었기에 길거리에서 공중전화 부스를 찾는 것은 어렵지 않았다. 공중전화에는 개인 전화번호가 적힌 전화번호부가 비치되어 있었다. 나는 무작정 '김' 씨 성을 가진 사람을 찾아 전화를 걸었다.

다행히 통화가 되었다. 사정을 설명했더니, 전화를 받은 분이 다른 한 분의 이름과 전화번호를 알려 주며 연락해 보라고 했다. 그분도 김 씨였고, Halifax 지역에서 잘 알려진 태권도 사범이라고 했다. 곧바로 전화를 걸었고, 운 좋게 연결되었다. 그분은 내 위치를 묻더니, 지도책을 꺼내어 보라고 했다. 그리고 자신이 운영하는 도장까지 찾아오는 길을 자세히 설명해 주었다.

그렇게 해서 만나게 된 그 태권도 사범님은 당시 모텔도 운영하고 있었다. 방 하나를 그냥 내어주셨고, 모텔 1층에 있는 일식당에서 저녁까지 대접해 주셨다. 다음 날, 그분이 소개해 준 정비소에서 차를 점검받았고, Halifax 구경도 마친 후 무사히 집으로 돌아올 수 있었다.

그 후 감사 인사 카드를 보냈던 것 같기도 하다. 하지만 너무 오래전 일이라 확실한 기억은 없다. 무엇보다 안타까운 것은 그분의 성함을 정확히 기록해 두지 않았다는 사실이었다. 당시 30대 후반에서 40대 초반으로 보였던 그분을 더 늦기 전에 찾아야겠다는 생각이 들었다. 하지만 어디서부터 시작해야 할지 막막했다.

인터넷 검색을 해 보았지만, 정보를 찾을 수 없었다. 결국 1980년대 초반 Halifax에서 태권도장을 운영하며 'Master Kim'으로 알려졌다는 단서만 가지고, 버지니아에서 오랫동안 태권도 관장으로 활동하는 분께 문의했다. 그분도 모르셨지만, Halifax에 사는 후배에게 알아봐 주겠다고 했다. 그렇게 해서 후배를 통해 받은 이름이 김광영이었다. 그런데 김 사범님은 1980년대 중반쯤 오타와로 이주한 것 같다고 했다.

그래서 오타와 한인회에 연락해 보았다. 하지만 정보를 찾을 수 없었고, 대신 토론토 한인회에 문의해 보라고 했다. 이후 토론토 한인회와 노바스코셔 한인회에도 연락을 취했다. 또한, '캐나다 태권도의 대부'로 알려진 오타와 거주 이태은 사범님께도 도움을 요청했지만 찾을 수 없었다.

그러던 중, 평소 존경하는 최응길 사범님께 전화가 걸려 왔다. 내가 김 사범님을 찾고 있다는 소식을 듣고, 곧바로 캐나다의 여러 태권도 사범들에게 연락해 보았다는 것이다. 그리고 놀랍게도, 내 은인을 직접 찾아 통화까지 하셨다고 했다. 정말 믿기지 않았다. 그분의 이름은 내가 기억하고 있던 것과 조금 달랐다. '김양광' 사범님이었다.

나는 최 사범님께서 전해 주신 전화번호로 먼저 문자 메시지를 보내고, 조심스럽게 전화를 걸었다. 그러나 김 사범님은 나를 기억하지 못하셨다. 내가 받은 도움도 전혀 기억하지 못하셨다. 아마도 평소에 많은 사람을 도와주셨기에 그런 것 같았다. 그런데 오히려 그때 여러 사업을 운영하느라 나를 제대로 챙겨 주지 못했을까 봐 미안하다고 하셨다.

40년 만의 통화였지만, 대화는 자연스럽고 따뜻했다. 그때 20대 중반이었던 나에게 그분은 30대 후반이나 40대 초반으로 보였는데, 이번 대화를 통해 내 추측이 맞았음을 확인할 수 있었다. 나보다 12살 연상이셨고, 같은 닭띠였다. 띠 이야기가 나오자, 그분은 닭띠는 머리가 좋고 부지런히 일하지만, 결국 모은 것을 다 써 버린다는 속설이 있다고 했다. 그러면서 자신도 열심히 일했지만 손에 남은 것이 별로 없다고 웃으며 말씀하셨다. 마치 큰형이 아우에게 하듯 푸근한 느낌이 들었다.

이야기를 나누다 보니, 우리가 의외로 많은 공통점을 갖고 있음을 알게 되었다. 같은 해에 이민을 왔고, 자녀도 둘씩 두었다. 그분은 딸이 둘, 나는 아들 둘. 게다가 그분의 큰딸과 내 큰 여동생, 그리고 서로의 둘째 자녀들은 같은 대학의 선후배였다. 우리는 유쾌하게 웃으며 이야기를 나누었다.

지금 그분은 캐나다에서 미시간주 디트로이트와 가까운 지역에 거주하고 계셨다. 팬데믹으로 인해 국경이 닫힌 상태라 당장은 어렵지만, 여행 제한이 풀리면 미국에 사는 두 딸을 보러 오실 계획이라고 했다. 그리고 그때 나도 꼭 만나고 싶다고 하셨다.

학생 시절, 철없이 제대로 표현하지 못했던 감사의 마음을 이번에라도 전할 수 있어 다행이었다. 그리고 그분과의 대화를 통해 다시금 깨달았다. 대가 없이 베푸는 도움은 시간이 지나도 선한 영향력을 남긴다는 것을.

세상 누구도 다른 이들의 도움 없이 살아갈 수는 없다. 우리는 받은 도움을 기억해야 한다. 그리고 받은 것보다 더 많이 베풀어야 한다. 우리에게 손을 내밀어 준 은인들에게, 감사의 인사를 전하는 것을 잊지 말아야 한다.

옷 수선 이야기
2022년 5월 27일

일주일 전쯤, 행사장에서 한 한인 여성과 함께 사진을 찍게 되었다. 그런데 그분은 나보다 키가 훨씬 컸다. 나와 나란히 서서 사진을 찍기가 불편했는지 몸을 살짝 숙이셨다. 나는 오랜 세월 동안 나보다 키가 큰 여성들과 함께 사진을 찍는 일이 어색하지 않았지만, 그분은 익숙지 않은 듯했다. 결국 내가 "그냥 똑바로 서자"라고 한 후에야 자연스럽게 사진을 찍을 수 있었다.

나는 아버지가 아니라 어머니를 닮아 키가 작다. 팔다리도 짧다. 그래서 옷을 사기가 쉽지 않다. 변호사라는 직업상 양복과 와이셔츠를 입을 일이 많은데, 내 몸에 맞는 와이셔츠를 찾기가 힘들다.

미국뿐만 아니라 한국에서도 목둘레와 팔 길이가 딱 맞는 와이셔츠를 구하기란 거의 불가능했다. 결국, 목둘레에 맞추어 와이셔츠를 사면 항상 팔 길이를 줄여야 했다. 그러다 보니 종종 옷의 균형이 어색해지기도 했다. 그래서 오래전부터 아예 한국에서 맞춤 와이셔츠를 입기로 했다.

맞춤 와이셔츠는 여러 장을 한 번에 주문하면, 미국 백화점에서 사서 수선하는 것과 가격 차이가 크지 않았다. 게다가 맞춤이니만큼 팔 길이

뿐만 아니라 상체 길이와 품까지 내 몸에 꼭 맞게 제작할 수 있었다. 그래서 한국에 갈 때마다 몇 장씩 맞춰서 가져오곤 했다. 직접 방문하기 어려울 때는, 내 치수 기록을 보관하고 있는 맞춤 가게에 원하는 옷감과 색상만 알려 주면 제작해서 보내 주기도 했다.

그런데 한번은 와이셔츠 때문에 진땀을 뺀 적이 있다.

오래전, 그러니까 대학교 1학년 겨울방학 때였다. 이민 온 지 얼마 안 된 한인 가정에서 저녁 식사 초대를 받았다. 그 집에는 나와 동갑인 딸이 있었고, 대학 입학에 관한 이야기를 듣고 싶어 했다. 초대는 나뿐만 아니라 부모님도 함께 받았다.

그러자 고민이 생겼다. 무슨 옷을 입고 가야 할까.

그때로부터 겨우 3년 전, 가난한 이민 생활을 시작했던 나는 변변한 옷이 없었다. 학비를 마련해 겨우 대학교를 다니던 시절이었다. 그래도 겨울 양복 한 벌이 있었기에 그것을 입기로 했다.

문제는 와이셔츠였다.

제대로 맞는 와이셔츠가 없었고, 결국 아버지의 와이셔츠를 빌렸다. 하지만 팔이 너무 길었다. 임시방편으로 양팔에 옷핀을 꽂아 길이를 줄였다.

그렇게 초대한 집에 가서 저녁 식사를 하게 되었다.

그런데 식탁에 앉자마자, 그 집 아주머니가 나에게 웃옷을 벗고 편하게 식사하라고 여러 번 권하셨다. 나는 괜찮다고 사양했지만, 계속 벗으라고 하셨다. 내 옆에 앉아 있던 어머니도 당황하셨다.

나는 끝까지 "불편하지 않다"라고 우기면서 저녁을 먹었다.

등에는 식은땀이 흘렀다. 그것은 절대로 뜨거운 국 때문이 아니었다. 그날 저녁을 어떻게 마쳤고, 어떻게 집으로 돌아왔는지는 정확히 기억나지 않는다.

비슷한 경험이 또 있다. 몇 년 전 한국을 방문했을 때였다.

이민 오기 전, 같은 교회에서 다녔던 여자 후배 두 명과 점심 약속이 있었다. 그런데 편하게 입을 바지를 몇 벌 구할 필요가 있어, 먼저 남대문 시장에 들렀다.

가격이 워낙 저렴해, 몇 번 입고 버려도 아깝지 않을 정도였다. 그런데 역시 바지는 길이를 줄여야 했다. 가게에서 치수를 재고, 바지에 줄일 위치를 표시한 뒤, 옷 수선 가게에 맡겼다. 그런데 수선 가게 주인아주머니가 깜짝 놀란 표정을 지으며, 다시 한번 길이를 재 보자고 하셨다. 바지 가게에서 잘못 잰 것 같다고 하시면서.

'아이, 이 아주머니… 그냥 그대로 줄여 주면 되는데…'

그런데 다시 재어도 결과는 달라지지 않았다.

다행히도 45년 전부터 나를 알고 있던 후배들은 대수롭지 않다는 듯 태연했다. 그 모습이 고마웠다.

조물주는 인간을 모두 다르게 창조하셨다. 나의 키와 팔다리도 그 계획의 일부일 것이다. 덕분에 나는 스스로를 이해하고, 또 같은 처지의 사람들에게 공감할 수 있는 지혜를 배웠다.

그리고 이런 글을 쓸 수 있는 기회도 주셨다.

그 모든 것이 감사한 일이다.

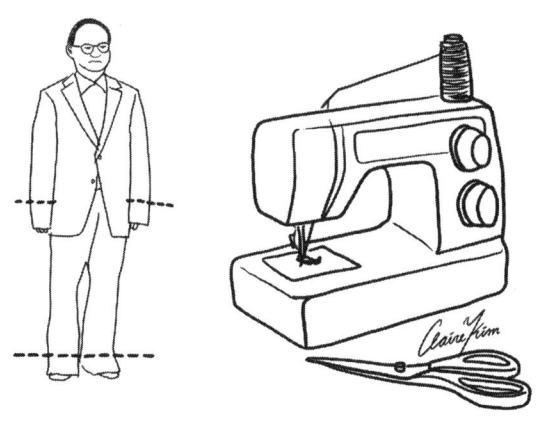

폭설 이야기
2021년 2월 19일

　미국에서 살면서 폭설을 여러 번 경험했지만, 가장 잊을 수 없는 기억은 1983년의 폭설이다. 당시 나는 로스쿨 2학년이었고, 설날을 맞아 친구들과의 약속을 지키기 위해 부모님이 계신 알렉산드리아로 가기로 했다. 금요일 오전 11시에 수업이 끝나는 대로 출발하면, 점심은 집에서 먹을 수 있을 거라고 생각했다. 그런데 학부생 여자 후배 한 명이 라이드를 부탁했다. 이전에도 가끔 태워 준 적이 있었고, 그녀의 집이 하이웨이에서 가까워 크게 돌아갈 필요도 없었기에 흔쾌히 태워 주기로 했다.

　윌리엄스버그를 떠나 리치먼드를 조금 지나자 눈이 내리기 시작했다. 미처 일기예보를 확인하지 않은 게 실수였다. 눈발이 점점 굵어지더니, 프레더릭스버그에 다다를 즈음에는 도로가 정체되며 길이 완전히 막혀 버렸다. 한곳에서 2시간 이상 갇혀 있기도 했다. 배가 고팠지만, 차 안에는 먹을 것이 없었고, 하이웨이를 벗어나 음식을 사 먹을 수도 없는 상황이었다.

　언제까지 갇혀 있을지 몰라 연료를 아끼려고 엔진을 껐다. 그러자 차 안이 금세 싸늘해졌다. 견디기 어려울 때만 다시 엔진을 켜고 몸을 녹였다. 눈은 차 앞 유리에 쌓이기 시작했고, 와이퍼가 얼어붙어 기능을 하지 못했다. 결국 차에서 내려 손으로 눈을 치워야 했다. 그런데 발이 눈 속에 빠지면서 신발과 양말이 젖었고, 곧 얼어붙기 시작했다. 나중에는 발이 너무 시려 도저히 다시 나갈 엄두가 나지 않았다. 결국 체면을 무릅쓰고 후배에게 대신 눈을 치워 달라고 부탁했다.

하이웨이를 빠져나갈 길이 보이자 로컬 도로인 1번 국도로 나갔지만, 상황은 크게 다르지 않았다. 특히 언덕길에서는 차들이 하나씩 겨우 올라갔고, 뒤로 미끄러져 내려오거나 길가로 빠지는 차량도 많았다. 그러면 언덕 아래에서 기다리던 운전자들이 차에서 내려 힘을 합쳐 밀어 올리거나 구덩이에서 빼내곤 했다. 날은 이미 어두워졌고, 저녁 식사 시간도 한참 지나 있었다. 배고픔을 느낄 겨를조차 없이 추위와 피로에 지쳐 갔다.

후배를 집까지 데려다줄 자신이 없었다. 부모님께 전화해 중간에서 만날 수 있는지 여쭤보라고 했다. 스마트폰이 없던 시절이라 후배는 공중전화로 달려갔다. 잠시 후 돌아온 그녀의 얼굴은 눈물범벅이었다. 이런 날 집에 온다고 부모님께 꾸중을 들었고, 도저히 차를 끌고 나올 수 없는 상황이라 근처의 모텔에서 자고 오라고 하셨단다. 아, 그럴 수는 없지. 모텔비도 없었을뿐더러, 아마 방도 없었을 것이다. 그리고 여자 후배인데… 후배를 달래며 그냥 가자고 했다.

우여곡절 끝에 후배 집 근처까지 도착했다. 길가에 쌓인 눈을 보니 부모님이 차를 끌고 나올 수 없는 게 이해가 됐다. 내 차도 더 이상 들어갈 수 없어서 대충 길에 세워 두고 걸어갔다. 후배의 집에 도착했을 때, 분위기는 싸늘했다. 알고 보니 둘째 딸도 다른 대학교에서[3] 친구들과 함께

---

3) Virginia Polytechnic Institute and State University(일명 VPI나 Virginia Tech)로 더 먼 Blacksburg에 위치하고 있다.

집에 오는 중이었는데, 연락이 끊겼다고 했다. 부모님은 바짝 긴장해 계셨다. 조용히 라면 한 그릇을 부탁해 먹고 나왔다.

이제 내 집까지 가야 했다. 어떻게 갔는지조차 기억이 희미하다. 동네 근처에 도착했을 때는 더 이상 운전을 할 수 없는 상태였다. 결국 차를 길에 세워 두고 걸어갔다. 집에 도착했을 때는 밤 12시 30분, 윌리엄스버그를 나선 지 13시간 30분 만이었다.

그래도 다음 날 친구들과의 약속을 지켰다. 문을 연 식당이 거의 없어 워싱턴 디씨까지 차를 몰고 갔다. 술잔을 기울이며 눈길에서 겪었던 고생담을 나누었다. 거리는 텅 비어 차 한 대도 보이지 않을 정도였다.

다시 버지니아로 돌아오는 길, 14번가 다리쯤에서 소변이 급해졌다. 세 남자 모두 같은 처지였다. 결국 차를 다리 한가운데 세웠다. 주변에는 아무도 없었다. 우리는 포토맥강을 향해 섰다. 앞만 보았다. 곧 시원해졌다. 20대였기에 가능했던 객기였다. 그때가 그립다.

그날의 적설량은 워싱턴 덜레스 공항 기준 22.8인치였다.[4]

---

4) 60센티미터가량

이 사진은 2010년 2월 6일 집 뒤에 눈이 쌓인 모습.
1983년 폭설 때는 사진을 찍어 두지 못했다. 스마트폰이 없던 시절이다

바둑
2012년 5월 11일

지난주, 중국의 시각장애인 인권 변호사 천광청 사건으로 인해 미국과 중국 간의 외교 관계가 초긴장 상태로 치달았다. 그리고 그 사건 해결 과정에서 제롬 코헨 뉴욕대 법대 교수의 역할이 컸다는 언론 보도를 접했다. 천 변호사가 미국 관리들에게 자신이 신뢰할 수 있는 조언자로 코헨 교수를 지목했다는 것이었다. 코헨 교수는 과거 김대중 대통령의 구명운동을 벌였고, 대만의 여성 부총통이었던 여수연을 돕기도 했다고 한다.

코헨 교수에 대한 기사를 읽으며 떠오른 사람이 있었다. 내가 대학에 다닐 당시, 그곳 법대에서 연구교수로 계셨던 한국인 교수님이었다. 한국 정권의 탄압을 피해 미국으로 오셨다고 들었는데, 그분 역시 코헨 교수의 도움을 받고 있다고 했다.

그 교수님은 상당한 멋쟁이셨다. 헌팅캡 스타일의 모자를 쓰고, 전형적인 아이비리그 교수풍의 팔꿈치에 가죽 패치가 붙은 재킷을 입으셨다. 풍채도 좋으셨고, 파이프 담배를 태우셨는데, 그 모든 것이 대학생이던 내게는 인상적으로 다가왔다.

그분은 바둑을 매우 좋아하셨다. 한국에서 대학교수로 재직하던 시절,

프로 입단 대회에서 준결승까지 올라간 적이 있다고 했다. 당시 한 판만 더 이기면 프로 입단이 가능했지만, 다른 준결승 진출자들과 달리 교수님은 프로 기사가 될 생각이 없었기에 끝까지 전력을 다하지 않았다고 한다. 그런 이야기를 듣고 보니, 교수님의 바둑 실력은 아마추어로서는 최고 수준이었음이 분명했다.

그때 대학원에 한국에서 온 유학생들 중 한 분도 바둑을 무척 좋아하셨다. 현직 공무원이었던 그분 역시 실력이 출중했고, 두 분은 종종 도서관 밖에서 바둑을 두었다. 나도 가끔 관전을 했는데, 교수님이 조금 더 강한 듯했지만, 늘 이기시는 것은 아니었다. 두 분은 연구와 유학이라는 본업도 잊은 채, 도서관 안이 아닌 밖에서 늦은 밤까지 바둑판을 사이에 두고 시간을 보내곤 했다.

그런데 바둑이라는 것이 예상외로 자존심을 자극하는 법이다. 한번은 내가 교수님과 바둑을 두게 되었다. 나의 실력은 훨씬 미치지 못했지만, 바둑을 너무 좋아하셨던 교수님은 상대가 누구든 바둑을 둘 기회를 반기셨다. 그런데 치수(棋數)를 정하는 과정에서 의견이 맞서게 되었다. 교수님은 네 점을 놓으라고 하셨고, 나는 절대 세 점을 넘길 수는 없다고 버텼다.

보통 상황이라면 나보다 거의 스무 살 연상이었던 교수님의 말씀을 따르는 것이 당연했을 것이다. 하지만 그때만큼은 양보할 수 없었다. 결국, "세 점이 아니면 바둑을 두지 않겠다"라고 선언하고 자리에서 일어나 버렸다. 그 순간, 주위에 있던 또 다른 대학원 선배 한 분이 난감한 표정으로 나를 쳐다보던 기억이 난다. 그런데 교수님은 얼마나 바둑을 좋아하셨던지, 떠나는 내 팔을 붙잡으며 "그래, 세 점만 놓고 두자"라고 하셨다. 한참 어린 학생의 불손함을 너그러이 받아들이면서 말이다.

아이러니한 것은 한국 현대 바둑의 개척자인 조남철 국수가 바둑 보급차 보스턴을 방문하였을 때다. 나는 소개를 받아 조 국수님의 통역을 도와드릴 기회가 있었고, 일정 중에는 지도 대국도 포함되어 있었다. 나에게도 대국의 기회가 주어졌으나, 어찌 된 일인지 정중히 사양했다. 하지만 법대 연구교수님과 조 국수님은 한 판 두게 되었다.

그런데 이번에도 치수를 정하는 과정에서 신경전이 벌어졌다. 조 국수님은 세 점을 놓으라고 하셨지만, 교수님은 단호하게 "절대 두 점이어야 한다"라고 주장했다. 조 국수님은 한국에서 자신에게 두 점을 놓으려면 아마추어 기전 우승자 정도는 되어야 한다고 하셨다. 그러자 교수님은 자신도 그 정도 실력이 된다고 하며 물러서지 않으셨다.

당시 조 국수님이 교수님보다 스무 살 정도 연상이었으니, 이번에는 교수님이 지나치게 고집을 부리는 것이 아닌가 싶었다. 그러나 이번에도 어른이 참으셨다. 조 국수님은 결국 두 점 바둑을 허락하셨다.

대국이 시작되자, 초반부터 교수님이 우세한 흐름을 유지했다. 하지만 바둑이라는 것이 원래 그런 것처럼, 종반에 들어서자 흐름이 뒤바뀌었다. 결국 조 국수님이 역전승을 거두었고, 교수님은 아쉬운 듯한 표정을 지으셨다. 하지만 사실, 강자와의 접바둑에서는 마지막에 역전되는 일이 흔한 법이다. 교수님이 아쉬워할 만큼의 형세는 아니었다.

요즘도 가끔 바둑을 둘 기회가 생긴다. 하지만 예전과 달리, 수를 읽는 데 집중이 잘되지 않는다. 나이를 탓하기에는 아직 이르기에, 생활이 분주해서 그렇다고 스스로를 위로해 본다.

바둑을 두는 사람들은 자신의 실력에 대한 자존심이 대단하다. 때로는 한 판 져 줄 수도 있고, 이긴다 해도 아무것도 아닌 것처럼 넘길 수도 있다. 그러나 덜컥수 하나로 좋은 바둑을 망쳤을 때, 후회의 여운은 오래 남는다. 그리고 그 여운은 나이와 상관없이 찾아오는 것 같다.

어쩌면, 인생도 바둑과 크게 다르지 않을지 모른다. 살아가면서도 우리는 가끔 덜컥수를 둔다. 때로는 그 한 수로 인해 돌이킬 수 없는 결과가 찾아오기도 한다. 하지만 그런 실수도 결국 인생의 일부일 것이다. 바둑에서든, 삶에서든 말이다.

조남철 국수님이 사인해 보내 주신 1978년 5월 호 바둑 잡지. 내 이름도 보인다

 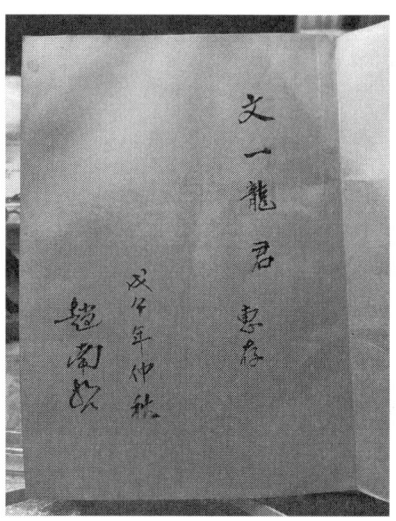

조남철 국수님의 저서 『바둑에 살다』 『바둑에 살다』 안쪽에 조남철 국수님이 내 이름 앞으로 해 주신 사인

알파고와 이세돌 도전 바둑 대국
2016년 3월 18일

나는 지난주 화요일부터 일주일 사이, 다섯 밤을 거의 새웠다. 대학이나 로스쿨 시절 시험 기간에도 이렇게까지 밤을 새운 적은 없었다. 이 모든 것은 구글 딥마인드의 알파고와 이세돌 9단이 맞붙은 도전 5번기 대국을 보기 위해서였다.

이번 대국은 한국뿐만 아니라 미국 내 한인 사회에서도 상당한 반향을 일으켰다. 유튜브를 통해 생중계를 지켜보면서, 여러 가지 생각이 스쳤다.

우선, 미국 동부 시간 기준으로 밤 11시, 그리고 마지막 날은 자정에 시작해 4~5시간씩 이어지는 대국을 새벽까지 졸음을 참고 지켜본 나 자신을 보며, 바둑에 대한 애착을 새삼 깨닫게 되었다. 실제로 내가 바둑을 두는 것은 가끔 지인들과 한두 판 정도뿐이다. 그런데도 이렇게 밤을 새워 가며 경기를 관전할 줄은 몰랐다. 덕분에 일주일 내내 졸음과 싸워야 했다.

승패만 놓고 보면 인공지능의 승리였다. 그러나 바둑 자체에 초점을 맞춘다면, 나는 감히 인간의 승리라고 말하고 싶다.

바둑은 단순히 승부를 가리는 게임이 아니다. 인간이 만든 바둑이라는 게임은 승패만을 위해 존재하는 것이 아니며, 그래서도 안 된다. 물론 누구나 바둑을 둘 때는 이기고 싶고, 실력을 키우기 위해 노력한다. 인공지능 역시 이러한 실력 향상에 도움이 될 수 있다. 그러나 바둑은 승부를 넘어 그 이상의 의미를 담고 있다.

이번 대국에서는 인간과 인공지능 간의 승부가 중요한 요소였다. 하지만 단순히 지능의 우위를 가늠하기보다, 인간과 기계가 가진 한계를 탐구하는 데 더 큰 가치를 두어야 하지 않을까 생각한다.

인간이기에 느끼는 중압감과 그로 인한 영향은 인간의 한계일 수도 있다. 하지만 바로 그렇기에 우리는 "인간미"라는 것을 이야기할 수 있고, 그 존재를 감사하게 여길 수도 있다.

반면, 기계가 실수한 듯한 착수를 할 때, 우리는 그것을 오작동이라 부르거나, 더 나은 성능을 위해 극복해야 할 대상으로 여긴다. 인간에게는 부족함이나 한계가 이해되고 용서되지만, 기계에게 그것은 단순한 결함일 뿐이다. 만약 기계가 인간처럼 감정을 느낄 수 있다면, 인간보다 더 큰 중압감에 시달릴지도 모른다.

내가 바둑을 깊이 이해하는 수준은 아니지만, 이번 대국을 보며 놀라운 착수들을 접했다. 다행히 대국 해설자들의 설명 덕분에 주요 착수의 의미를 이해할 수 있었다. 그러나 알파고의 몇몇 수는 단순히 기상천외한 것이 아니라, 오히려 인간적으로는 무례하다고 느껴질 정도였다. 인간 간의 대국이라면, 아무리 유리한 상황이라도 그런 수를 두지 않을 수도 있겠다는 생각이 들었다.

이번 도전을 통해 구글은 인공지능 분야에서 엄청난 마케팅 효과를 거두었다고 한다. 그 가치가 수조 원에 달할 것이라는 분석도 나왔다. 한국에서는 바둑에 대한 관심이 급격히 높아졌다. 바둑을 배우려는 학생들이 늘었고, 바둑용품의 매출도 크게 증가했다. 바둑에 전혀 관심이 없던 사람들까지도 관심을 가지게 되었다고 한다. 바둑계에는 그야말로 반가운 소식이다.

나는 평소에도 페어팩스 카운티의 더 많은 학생들에게 바둑이 보급되었으면 좋겠다고 생각해 왔다. 현재는 일부 학교에서만 특별 활동으로 제공되고 있다. 하지만 바둑은 동양 삼국에서만 즐기는 게임이 아니라, 전 세계적으로 보편화될 가능성이 충분한 스포츠다. 바둑은 우리 한인들이 미국 사회에 자랑스럽게 소개할 수 있는 문화적 자산 중 하나라고 생각한다.

그래서 지난주 교육위원회 정기회의에 바둑판을 가지고 갔다. 동료 교육위원들과 교육청 고위 직원들에게 바둑과 이번 도전 5번기에 대해 소개했다. 이후 몇몇 교육위원들이 바둑을 배우고 싶다며 요청해 왔다. 기본 규칙을 설명하는 유튜브 영상을 찾아 보내야겠다.

이번 주말에는 5번기의 기보를 복기해 볼 생각이다. 벌써부터 설렌다.

그리고, 이세돌 9단에게 꼭 전하고 싶다.

"수고하셨습니다. 그리고 축하드립니다."

넷째 대국에서의 짜릿한 승리와 마지막 대국의 아쉬움이 아직도 가슴에 선명하게 남아 있다.

0.3초 규칙
2014년 2월 7일

나는 최근에 농구 시합에서 "0.3초 규칙"이라는 것을 알게 되었다. 고등학교 시합의 경우, 남은 시간이 0.3초 이하일 때 코트 밖에서 인바운드 패스를 하거나 자유투 실패 후 득점을 하려면 손으로 살짝 쳐 넣는 방법(tip)밖에 없다는 것이다. 즉, 0.3초 이하의 시간은 패스나 리바운드를 제대로 잡아 슛을 성공시키기에 충분하지 않다는 말이다.

최근 버지니아주 페어팩스 카운티에서 열린 한 고등학교 농구 시합에서 이 규칙과 관련된 논란이 있었다. 당시 점수는 78대 77, 한 점 차로 추격하던 팀의 마지막 공격 기회였다. 남은 시간은 단 0.2초. 이기고 있던 팀의 코치는 작전 타임을 요청한 후 심판에게 0.3초 규칙을 다시 한 번 확인했다. "이제 상대 팀이 할 수 있는 슛은 손으로 살짝 쳐 넣는 것뿐이죠?"라고 묻자, 심판은 당연하다는 듯 고개를 끄덕였다.

이에 따라 수비 팀의 코치는 선수들에게 골 밑만 철저히 지키라고 지시했다. 멀리 떨어진 선수들은 방어할 필요가 없으니 일부러 장신 선수들을 골대 근처에 배치했다. 반면, 공격팀의 코치도 이 규칙을 알고 있었기에 선수들에게 공을 골 밑에 있는 선수에게 띄워 보내야 한다고 강조했다. 그래야만 손으로 쳐 넣을 기회가 생기기 때문이다.

시합이 재개되었다. 그러나 인바운드 패스를 해야 할 공격팀 선수는 골 밑 상황이 여의치 않자 당황한 나머지 코너에 있던 선수에게 공을 패스해 버렸다. 그리고 그 선수는 공을 잡아 점프 슛을 시도했다. 이를 본 수비 팀의 코치는 0.3초 규칙을 떠올리며 손을 들어 흔들며 슛이 무효임을 표시했다. 그런데 공교롭게도 그 슛이 그대로 골대 안으로 들어갔고, 심판은 3점 득점을 선언해 버렸다. 전광판의 점수는 80-78로 바뀌었다.

수비 팀의 코치는 즉각 항의하며 코트를 떠나지 않았다. 시합과 관련된 항의는 시합 장소에서 해결해야 한다는 규정을 알고 있었기 때문이다. 그러나 시합이 끝나자마자 네 명의 심판들은 체육관을 빠져나가 버렸고, 이후 아무도 돌아오지 않았다.

결국 패배한 팀은 리그 담당자에게 0.3초 규칙을 다시 확인한 후 시합 결과에 대한 공식적인 이의를 제기했다. 경기 중 심판에게 직접 확인한 규칙을 심판들이 위반할 수는 없다는 것이었다. 하지만 리그 측의 입장은 달랐다. 심판들의 실수는 인정하지만, 이미 끝난 경기의 결과를 뒤집을 수는 없다는 것이었다. 리그 규정상 심판의 오심을 바로잡을 수 있는 경우는 극히 제한적이었다. 예를 들어, 시합이 끝나지 않았는데 강제로 종료하거나 부당하게 무승부로 판정한 경우에는 정정이 가능하지만, 단순한 오심으로 인해 경기 결과를 바꾸기 시작하면 이의가 제기되는 시합이 급증할 것이고, 그때마다 모든 경기를 다시 검토해야 하는 혼란이 발생할 것이라는 설명이었다.

규칙이 분명히 존재하는데 심판들이 이를 지키지 않으면 어떻게 해야 할까? 특히, 모든 관계자가 오심임을 인정하는데도 그냥 지나간다면 규칙의 의미는 무엇일까? 그러나 리그의 입장은 단호했다. 경기 결과를 번복하는 것은 또 다른 규칙 위반을 초래할 수 있기 때문에 받아들일 수 없다는 것이다. 그렇다면 어떤 규칙은 반드시 지켜야 하고, 어떤 규칙은 지키지 않아도 되는 것인가? 이에 대한 리그의 해석은 명확했다. 이번 경우에는 고의성이 없었기에 결과를 번복할 수 없지만, 만약 리그 차원에서 시합 결과를 번복한다면 그것이야말로 의도적인 규칙 위반이 될 것이라는 것이었다.

결국, 규칙 위반의 고의성 여부가 승패를 결정짓는 요소가 되었다. 흥미로운 점은, 시합을 치른 두 고등학교의 웹사이트를 확인해 보면 두 학교 모두 자신이 이겼다고 기록하고 있다는 것이다. 한 학교는 경기 결과를 80-78, 다른 학교는 78-77로 표기하고 있다. 두 번 다시 보기 힘든 진기한 시합이었음이 분명하다.

2024년, 페어팩스 카운티의 사우스레이크 고등학교 남자 농구팀이 버지니아주 챔피언십을 이긴 후 응원하는 학생들과

규칙 존중
2020년 11월 13일

지난주에는 밤잠을 설치는 날이 많았다. 언제부턴가 정해진 시간에 잠을 자지 못하면 쉽게 잠들기 어려워졌는데, 이번에는 선거 때문이다. 화요일 선거 날 밤부터 당선자의 윤곽이 드러날 때까지 매일 저녁 TV와 인터넷을 통해 개표 상황을 지켜보다가 연이어 늦게 잠자리에 들었다.

그러나 사실, 밤잠을 설치기 시작한 건 선거일 전날 밤부터였다. 월요일 밤, 삼성화재배 월드바둑 마스터스 결승 2국이 미국 동부 시간으로 밤 9시에 시작되었기 때문이다. 한국의 최강자 신진서 9단과 중국의 최고 기사 커제 9단이 맞붙은 3판 2선승제 결승전에서, 신진서 9단은 1국을 패한 상황이었다. 2국에서는 반드시 이겨야만 승부를 이어 갈 수 있었다.

경기는 5시간 동안 치열하게 전개되었다. 신진서는 종반까지 유리한 흐름을 유지했지만, 초읽기에 몰리면서 조금씩 손해를 보기 시작했고 결국 단 반집 차이로 패했다. 마지막 순간까지 유튜브 생중계를 지켜보던 나는 허탈한 마음에 쉽게 잠들지 못했다. 특히 1국에서 납득하기 어려운 이유로 패배했던 터라 더욱 억울했다.

1국에서는 신진서 9단이 착수 과정에서 '마우스 미스'를 범했다. 코로

나 감염 우려로 인해 대국은 온라인 화상 대국으로 진행되었고, 기사들은 각자의 나라에서 컴퓨터 마우스를 사용해 착수해야 했다. 그런데 대국 초반, 신진서 9단의 21번째 수가 바둑판의 가장자리인 '1선'에 착수되었다. 1선은 바둑의 종반에나 두는 자리로, 초반에는 전혀 고려되지 않는 곳이다. 그러나 신진서가 다른 곳에 착수하려던 순간, 마우스가 오작동하며 의도치 않게 1선에 돌이 놓이고 말았다.

이를 지켜보던 사람들은 모두 경악했다. 상대 기사인 커제조차 믿을 수 없다는 듯 한동안 대응하지 못했다. 그러나 바둑 규칙상 한 번 착수된 돌은 어떤 이유로든 번복할 수 없다. 그것이 원칙이다.

사실 바둑에서는 이처럼 어처구니없는 실수조차도 규칙에 따라 엄격히 처리된다. 예를 들어, 최근에는 계가(집계산)를 중국식 방식으로 진행하는 경우가 많다. 과거 한국식 방식에서는 공배를 메우지 않고 바둑을 끝냈지만, 중국식에서는 기사들이 번갈아 가며 공배를 모두 채운다. 그런데 어느 한 대국에서, 공배를 메우던 기사가 순간적으로 착각하여 '아다리'를 만드는 실수를 저질렀고, 상대 기사가 그 돌을 잡아 버리는 일이 발생했다. 결국, 실수를 한 기사는 이길 수 있었던 바둑에서 졌다. 상대 기사는 실수임을 알고 있었지만, 규칙대로 진행해 그대로 승리했다.

또 다른 대국에서는 한 기사가 돌을 놓았다가 순간적으로 다시 들었다. 이는 허용되지만, 다음 착수 때는 원래 놓았던 자리에 그대로 다시 둬야 한다. 그러나 이 규칙을 잊은 기사는 다른 곳에 착점했고, 결국 실격패를 당했다. 또 한 경기에서는 돌을 한 곳에 놓았다가 밀어 다른 곳으로 옮기는 바람에 패배한 사례도 있었다. 이는 새롭게 변경된 규칙을 숙지하지 못한 탓이었다. 하지만 누구도 이의를 제기하지 않았다. 규칙은 엄격하게 지켜져야 한다는 점에서 모두가 동의했기 때문이다.

이번 미국 대통령 선거 역시 매우 치열했다. 그러나 이제 개표 결과가 승자가 드러날 정도가 되었으니, 모두가 규칙과 전통을 존중하는 모습을 보였으면 한다. 물론, 소송 제기는 후보자의 권리다. 하지만 변호사는 단순히 의뢰인의 요청만으로 무조건 소송을 제기해서는 안 된다. 법조인이 지켜야 할 중요한 원칙 중 하나는, 소송을 제기하기 전에 의뢰인의 주장을 뒷받침할 객관적인 증거가 있는지를 검토하는 것이다.

그 책임은 변호사에게 있다. 만약 충분한 증거 없이 소송을 제기한다면, 그것은 법적 절차가 아니라 그저 '생떼'에 불과하다. 국민이 그런 생떼에 볼모로 잡혀서는 안 된다.

욕심과 미움
2022년 1월 21일

얼마 전, 버지니아주에서 두 명의 한인계 부장관이 임명되었다는 소식을 접하고 흐뭇한 마음이 들었다. 나와 소속 정당이 다른 주지사였지만, 우리 한인 동포들에게 기회를 제공한 것에 감사했다. 그리고 새롭게 임명된 두 사람이 맡은 자리에서 좋은 성과를 내길 기대했다.

그러면서 문득, 과거에 내가 행정직에 가졌던 욕심을 떠올려 보았다.

처음 욕심이 생겼던 때는 8년 전, 맥컬리프 버지니아 주지사가 당선된 직후였다. 하지만 '욕심'이라고 하기엔, 나름대로 적극적인 행동을 취하지도 않았다. 그러니 결과를 기대하는 것 자체가 어불성설이었을지도 모른다. 아마 내 바람이 그리 간절하지 않았던 것 같다.

그러나 2016년에는 조금 다른 욕심이 생겼고, 나름대로 행동도 취했다.

그해 11월 대통령 선거를 앞두고, 나는 민주당 부통령 후보였던 팀 케인 연방 상원의원과 그의 부인인 앤 홀튼 여사와의 친분을 떠올렸다. 특히 홀튼 여사는 버지니아주 교육부 장관을 역임했고, 조지메이슨 대학교에서 교수로 재직하며 교육위원으로 활동하던 나를 잘 알고 있었다.

한번은 내가 교육위원회 의장으로 있을 때, 홀튼 교수가 학생들을 인솔해 회의장을 방문했다. 사전 요청에 따라 나는 회의 중에 그들과 따로 만나, 교육위원회의 역할과 내가 이민 와서 교육위원으로 선출되어 활동하게 된 과정 등을 소개했다.

그래서 선거 전에 홀튼 여사에게 연방 교육부에서 일하고 싶다는 의사를 전했다. 초·중·고 교육을 담당하는 차관보 자리에 관심이 있다고 했다. 나는 혹시라도 홀튼 여사가 교육부 장관직을 맡을 가능성이 있다고 생각했다. 그녀는 내 바람을 긍정적으로 받아들였고, 일단 선거가 끝날 때까지 기다리자고 했다.

그러나 예상치 못한 선거 결과가 나오면서, 나의 기대와 노력은 한순간에 사라졌다.

그 후 다시 욕심이 생긴 것은 2017년, 버지니아 주지사 선거를 앞두고였다.

사실, 민주당 후보가 될 것으로 예상되던 랠프 노덤 당시 부지사가 2016년 초, 선거운동을 위해 내 사무실을 방문했었다. 나는 그 기회를 놓치고 싶지 않았다. 용기를 내어, 그가 주지사에 출마한다면 지지할 용의가 있으며, 당선 후에는 교육부 장관으로 일하고 싶다는 뜻을 전했다.

그가 나에 대해 아는 것이 많지 않았기에, 아마 적잖이 놀랐을 것이다. 하지만 나는 당돌한 제안을 바로 받아들일 것이라고 기대한 것은 아니었다.

노덤 후보와 정말 영화 같은 대화를 나눈 것은 2017년 11월, 선거를 이틀 앞둔 밤이었다.

그때 그는 민주당의 표밭인 페어팩스 카운티를 찾아 선거 유세를 하고 있었다. 민주당 사무실 주차장에서 지지자들을 상대로 연설을 하던 그날 밤, 비는 억수같이 쏟아지고 있었고 날씨도 꽤 추웠다.

나는 우산을 들고, 최대한 그의 눈에 띄려고 노력했다. 키가 작은 나는 사람들 사이를 밀치며 앞으로 나아갔다. 그리고 연설이 끝난 후, 훨씬 큰 키의 그를 내 우산 아래로 불러들였다.

그때 그는 나를 보며 말했다.

"선거 후에 이야기합시다."

그러나 정작 당선된 후, 그는 나와의 약속을 지키지 않았다.

결국 그와 다시 마주한 것은 그의 임기 마지막 해였다. 그것도 내가 그가 참석하는 모든 행사들을 피해 다니다가, 한인회 주최의 주지사 초청 행사에서 처음이자 마지막으로 참석한 자리였다. 나는 한인 사회의 일원으로 꼭 전하고 싶은 말이 있었기에 그 자리에 갔다.

물론, 나는 노덤 주지사 당선 후 정식 절차를 따라 선거 후 바로 교육부 장관직에 지원했었다. 그리고 인수위원회의 인터뷰 과정도 거쳤다. 최종 후보군 서너 명 안에 들었으니, 전혀 기회가 주어지지 않았다고 할 수는 없다. 그러나 최종적으로 교육부 장관으로 임명된 인물과 나 자신을 비교해 보았을 때, 나는 쉽게 이해할 수 없었다.

노덤 당선자가 택한 인물은 퇴역 하사관 출신의 젊은 무슬림계 중학교 교사였다. 그러나 무엇보다도, 선거 후에 이야기하자던 자신의 말을 번복한 것이 가장 용서하기 힘들었다.

그때의 실망과 배신감은 오래 남았다.

그리고 욕심이 미움을 낳을 수도 있다는 것을 배웠다.

비에 젖은 모습(2017년 11월 5일)

디자인 결함
2022년 9월 2일

몇 주 전, 휴가를 겸해 뉴욕과 보스턴에 사는 두 아들 녀석들을 방문하고 왔다. 자동차 대신 기차를 이용했는데, 미리 예약한 덕분인지 워싱턴 디씨에서 출발해 뉴욕에서 며칠 머물고, 다시 보스턴으로 이동한 후 돌아오는 기차표 전체 비용이 100달러도 채 되지 않았다. 원래 기차 여행을 좋아하는 나로서는 자동차 기름값보다 저렴한 이 교통수단이 꽤 만족스러웠다. 창밖으로 스쳐 지나가는 풍경을 여유롭게 감상하며, 커피를 마시고 책을 읽거나 쉴 수 있었으니, 제대로 된 휴가를 다녀온 기분이었다.

워싱턴 디씨에 있는 기차역까지는 오랜만에 VRE(Virginia Railway Express)라는 통근 열차를 이용하기로 했다. 스마트폰에 탑승권 구매 앱도 설치했지만, 사용이 익숙지 않아 정차역에 비치된 매표기를 통해 표를 구입하기로 했다. 혹시라도 실수할까 봐 통근 열차 출발 10분 전에 미리 도착해, 매표기에 적힌 절차를 차근차근 따라갔다.

먼저 화면을 터치한 후 목적지를 선택했다. 그다음 매입할 표의 개수를 입력하고, 마지막 단계에서 신용카드를 삽입했다. 이제 표가 나올 차례였다. 그런데 아무리 기다려도 표가 나오지 않았다. 이상했다. '왜 이러지?' 순간 뭔가 잘못되었음을 직감하고 매표기를 다시 살펴보았다. 그리고 깨달았다. 신용카드를 넣어야 할 투입구가 따로 있었는데, 나는 그만 표가 나오는 곳에 카드를 넣어 버린 것이었다.

이제 카드를 꺼내야 했다. 그런데 문제가 있었다. 카드가 너무 깊숙이 들어가 손가락으로 쉽게 잡을 수가 없었다. 엄지와 검지를 이용해 간신히 끄집어내려 했지만, 쉽지 않았다. 여행을 떠난다고 손톱까지 깔끔하게 다듬고 나온 게 화근이었다. 주위를 둘러보며 혹시 도구가 있나 찾아보았지만, 있을 리가 없었다. 더 난감했던 건 아침 출근 시간이라 주변에 통근 열차를 이용하는 사람들이 많았다는 점이었다. 힐끗힐끗 나를 쳐다보는 듯한 시선이 느껴졌다. 혹시라도 아는 사람이라도 마주치면 어쩌나. 창피함이 밀려왔지만, 그래도 일단 카드를 빼내야 했다.

그러나 시간이 촉박했다. 열차 도착까지 얼마 남지 않았고, 표를 빨리 사야 했다. 다행히 바로 옆에 다른 매표기가 있었다. 이번에는 신용카드를 올바른 투입구에 넣고 무사히 표를 발권했다. 이제 남은 일은 첫 번째 매표기에 꽂힌 신용카드를 꺼내는 것뿐이었다. 하지만 아무리 시도해도 카드를 잡을 수가 없었다. 그사이 열차가 도착했고, 결국 포기해야 했다.

하는 수 없이, 완전히 빼낼 수 없다면 차라리 다른 사람이 손대지 못하도록 해야겠다는 생각이 들었다. 그래서 살짝 밖으로 나와 있던 카드를 손끝으로 밀어, 아예 매표기 안으로 완전히 집어넣었다. 이제 매표기 관리인이 아닌 이상 누구도 카드를 빼낼 수 없을 터였다.

열차에 올라서도 신용카드 생각이 머리를 떠나지 않았다. '그래, 카드 회사에 연락해서 분실 신고를 해야겠군.' 다행히 스마트폰에 신용카드 앱이 설치되어 있어 취소 절차를 진행하는 것은 어렵지 않았다. 하지만 신고 사유를 선택하는 단계에서 문제가 생겼다. 준비된 옵션 중에는 이번처럼 어처구니없는 경우에 해당하는 선택지가 없었다. '그럴 만도 하지. 세상에 이런 실수를 하는 사람이 또 있을까.' 결국 '분실'로 신고했다.

운 좋게도 몇 주 전, 둘째가 애플 페이를 사용할 수 있도록 내 스마트폰을 설정해 주었다. 덕분에 카드 회사에서 즉시 새 카드를 발급해 애플 페이에 등록할 수 있도록 조치해 주었고, 곧바로 사용할 수 있었다. 참 좋은 세상이다.

카드 문제를 해결하고 나서야 한숨 돌릴 수 있었다. 그리고 곰곰이 매표기에서 벌어진 일을 떠올렸다. '이건 내 잘못이 아니다. 매표기 디자인이 문제였던 거야!' 그렇다. 카드 투입구와 표 출력구의 규격을 다르게 만들었어야 했다. 신용카드가 표가 나오는 곳으로 들어갈 수 있었다는 것 자체가 설계 결함이다. 분명히 디자인 결함(design defect)이다. 로스쿨 다닐 때 배웠던 법이론이 떠올랐다. '이건 집단소송(class action) 감인데?' 입가에 묘한 미소가 번졌다.

그런데 나중에 두 아들 녀석들에게 이 이야기를 해 주었더니, 둘 다 어이없다는 표정을 지었다. 그리고 한마디.

"아빠, 결함이 있는 건 매표기가 아니라 아빠 머리야. 아빠 머리!"

서로 다름에 대한 이해
2011년 11월 23일

내가 대학생이던 시절, 한 중국인 유학생과 친하게 지냈다. 당시 중국과 미국이 아직 정식으로 국교를 맺기 전이었기에 미국으로 유학 오는 것이 쉽지 않았을 텐데도 그는 전액 장학금을 받고 박사 과정에 다니고 있었다. 북경대 출신이었으니 중국 내에서도 최고의 엘리트였다. 어릴 때는 세계적인 탁구 선수가 되는 것이 꿈이었고, 중학교 시절에는 중국 주니어 국가대표 선수로 활약하기도 했다고 했다. 한국의 유명한 탁구 선수 이에리사를 만나기도 했다고 했다.

우리는 평소 여러 주제로 이야기를 나누었는데, 한번은 한국전쟁에 대한 대화를 하게 되었다. 그런데 함께 이야기를 하다 깜짝 놀랐다. 그는 한국전쟁이 남한의 북침으로 시작되었다고 배웠고, 그동안 줄곧 그렇게 믿어 왔다는 것이었다.

나는 그에게 그것이 사실이 아니라고 설명했다. "전쟁을 시작하려면 철저한 준비가 필요하지 않겠는가? 그런데 만약 남한이 먼저 공격했다면, 어떻게 개전 3일 만에 자기 수도를 상대에게 점령당하는 수치를 겪었겠느냐?" 이런 객관적인 사실만 살펴봐도, 한국전쟁을 둘러싼 남북한 간의 진실 공방은 쉽게 결론이 날 수 있는 문제였다. 내 말을 들은 그는 고개를 끄덕이며 수긍했다.

이 경험을 통해, 아무리 중국 최고의 엘리트라 해도 자신이 자라 온 환경과 배운 내용에 따라 역사적 사실을 완전히 반대의 시각으로 바라볼 수 있다는 것을 깨닫게 되었다. 단순한 논리만으로도 쉽게 반박될 수 있는 사실조차, 교육과 정보의 차이에 따라 믿음이 완전히 다르게 형성될 수 있다는 점이 흥미로웠다.

비슷한 경험을 이번 선거 기간 중에도 하게 되었다. 선거 직전 일요일, 모슬렘 커뮤니티의 기도 모임에서 나에게 인사할 기회를 주겠다는 연락을 받았다. 그래서 아침 일찍 두 곳의 기도 모임을 방문했다.

알고 보니, 그날의 기도 모임은 '이드 알아드하(Eid al-Adha)'라는 이슬람 종교 휴일을 마치며 열리는 행사였다. 모슬렘 전통에 대해 잘 알지 못했던 나는 방문 전에 인터넷을 통해 이 휴일의 의미를 찾아보았다. 그것은 모슬렘들이 믿음의 조상으로 여기는 이브라힘(아브라함)이 자신의 아들을 제물로 바칠 수 있을 만큼 알라에 대한 절대적인 신뢰와 희생의 자세를 가졌음을 기념하는 날이라고 했다.

나는 기독교인으로서 어릴 때부터 아브라함이 여호와께 자신의 아들 이삭을 제물로 바치려 했던 성경 이야기를 배워 왔기 때문에, 이 내용이 그리 낯설지는 않았다. 하지만 나를 놀라게 한 것은 그다음이었다.

이슬람에서는 아브라함이 희생제물로 바치려 했던 아들이 유대교와 기독교 전통에서 알고 있는 이삭이 아니라, 하갈에게서 태어난 이스마엘이라고 믿고 있었다.

순간, 적잖이 충격을 받았다. 이슬람 전통이 우리와 이렇게 다를 수 있다는 사실을 미처 알지 못했던 것이다. 나는 다문화, 다인종 배경의 구성원들이 함께 살아가는 페어팩스 카운티에서 교육위원으로 일하고 있다. 다양한 배경을 가진 학생들과 부모님들을 제대로 이해하기 위해서는 나역시 나만의 작은 울타리를 벗어나, 다른 문화와 전통, 신앙을 가진 사람들에 대해 더 많이 배우고 이해해야 한다는 것을 다시금 깨닫게 된 계기였다.

우리 한인 사회에서도 이러한 문화적 차이를 경험할 기회는 많다. 예를 들어, 우리가 당연하게 생각하는 지리 교과서의 '동해' 표기 문제, 1975년 패망한 남베트남 출신 이민자들이 여전히 옛 베트남 국기를 자신들의 국기로 여기는 문제, 학교에서 학생들의 겨울방학을 '크리스마스 휴가'라고 부르지 않는 문제, 종교적 성일을 지키기 위해 학교 수업에 참석하기 어려운 학생들을 배려하는 문제 등이 있다.

이러한 사안들은 단순한 문화적·종교적 차이로 그치는 것이 아니라, 공공정책을 수립하고 결정할 때도 중요한 이슈가 된다. 어떤 입장에서는 공정하다고 여겨지는 정책이, 다른 입장에서 보면 전혀 그렇지 않을 수 있기 때문이다.

우리 한인들은 종종 주류 사회가 우리를 제대로 이해하지 못한다고 느긴다. 물론 그런 면이 있는 것도 사실이다. 그러나 그렇기 때문에 우리 또한 우리와 다른 배경을 가진 사람들을 이해하려는 노력을 기울여야 한다.

우리가 먼저 다른 문화권에 속한 사람들을 바로 이해하려고 노력할 때, 우리 역시 같은 노력을 그들에게 요구할 수 있는 정당한 권리를 가질 수 있다고 믿는다. 그리고 서로 다름을 이해하는 폭을 넓혀 갈 때, 더욱 건강한 공동체를 만들어 나갈 수 있을 것이다.

코미디클럽 방문기
2022년 9월 30일

    한두 달 전, 뉴욕에 사는 둘째 아들을 방문했다. 삼십 대에 접어든 아들과 함께할 만한 것이 무엇이 있을까 고민하다가, 센트럴파크에서의 야외 공연과 코미디클럽에 가기로 했다. 야외 공연은 내 아이디어였고, 코미디클럽은 둘째의 제안이었다. 센트럴파크에서 공연을 보는 것은 처음이었고, 코미디클럽도 아주 오래전 첫째가 대학생이었을 때 딱 한 번 가본 적이 있을 뿐이었다. 공연 티켓은 내가 예매했고, 코미디클럽 예약은 둘째가 맡았다.

    코미디클럽에 도착했을 때, 입장을 기다리는 줄이 길게 늘어선 것을 보고 걱정이 들었다. 하지만 다행히 사전 예약자들의 줄은 따로 있었고, 우리보다 먼저 도착한 사람들도 몇 명 되지 않았다. 입장이 시작되자 예약한 사람들부터 들어갈 수 있었는데, 안내자가 자리 배정을 하며 원하는 자리가 있느냐고 물었다. "앞줄에 앉겠느냐?" 내가 잠시 망설이는 사이, 둘째가 재빠르게 "네"라고 대답했다. 어라, 맨 앞줄이라…. 과연 괜찮을까? 예전에 첫째와 왔을 때는 뒤쪽에 앉아 여유 있게 즐겼는데. 하지만 어쩌겠는가, 이미 결정된 일이다.

    안내된 좌석은 맨 앞줄에서도 가장 눈에 띄는 정중앙이었다. 스테이지와의 거리는 불과 몇 피트. 등장하는 코미디언들과 가장 가까운 자리였다. 갑자기 걱정이 밀려왔다. 코미디언들이 관객에게 농담을 걸기도 하는데, 우리가 그들의 희생양이 될 확률이 가장 높았다. 이걸 어쩌나. 에라 모르겠다. 일단 메뉴를 보고 주문부터 하자. 배도 고팠다. 한 사람당 두 가지씩 주문할 수 있어, 하나는 음식, 하나는 음료로 선택했다. 음식이 나오자 자연스럽게 먹기 시작했다.

공연이 시작되자 첫 번째 코미디언이 무대에 올라 관객들을 쭉 훑어보며 어디서 왔는지 물었다. 다양한 지역에서 온 듯했다. 그리고 마침내 나에게도 차례가 왔다. 아마도 '한국'이라는 답을 기대했던 것 같지만, 나는 "버지니아, 페어팩스"라고 했다. 그러자 코미디언이 "거기 인종차별 심한 지역 아니야?"라고 묻는다. 허! 여기저기에서 웃음이 터졌다.

코미디언들의 농담을 들으며 나는 시켜 놓은 음식을 계속 먹었다. 그런데 앞줄에서 음식을 먹는 사람은 우리뿐인 듯했다. 다른 사람들은 모두 음료만 마시고 있었다. 그렇게 한참 시간이 지났는데, 한 코미디언이 나를 보며 "음식 맛있어요?"라고 묻는 게 아닌가. 아뿔싸. 내가 고개를 숙이고 열심히 먹는 모습이 눈에 거슬렸던 모양이다. 코미디언 입장에서는 관객이 자신의 얼굴을 보고 반응해 줘야 하는데 말이다. 하지만 나는 개의치 않고 "그래, 맛있어. 배도 고프고."라고 대답했다. 관객들이 크게 웃었다. 하지만 이후로는 계속 먹기가 어려워졌다. 젠장, 더 먹어야 하는데. 참자.

몇 명의 코미디언이 더 무대에 올랐다. 그러던 중, 한 코미디언이 내 옆에 앉아 있는 둘째와의 관계를 묻기 시작했다. "아들이에요? 아니면 말 못 할 사이?" 순간 멍해졌다. 아니, 이건 또 무슨 질문인가. 동성애 관계냐는 의미였다. 순간 어떻게 대답해야 하나 고민하다가 "둘째 boy"라고 답했다. 그러자 코미디언이 "질문에 제대로 대답을 안 하네?"라며 이번엔 둘째에게 물었다. 하지만 둘째는 그냥 웃기만 했다. "이 친구도 대답 안 하네." 코미디언이 이렇게 말하자 관객들 모두 또 한바탕 웃었다. 앞줄에 앉은 게 잘못이지.

공연은 계속되었다. 그런데 한두 명 후에 올라온 또 다른 코미디언이 같은 질문을 던졌다. '이건 또 뭐지? 우리 둘 사이가 그렇게 궁금한 건가?' 다시 대답해야 했다. 모두 숨죽이고 내 대답을 기다리는 듯했다. "내… 둘째… 아들." 그 순간 박수가 터져 나왔다. 코미디언은 어리둥절한 표정을 지었고, 박수는 한참 동안 계속됐다. 나는 자리에서 일어나 오른손을 흔들고 좌우, 그리고 뒤를 향해 목례를 했다.

공연이 끝나고 나가는데, 한 여성 손님과 그녀의 딸로 보이는 아가씨가 다가와 "덕분에 오늘 더 즐거웠어요"라고 말했다. 이런 경우 뭐라고 답해야 하나. "아, 예, 코미디클럽이 다 그렇죠, 뭐"라고 얼버무렸다.

나중에 들어 보니 둘째는 그날 어디에 머리를 파묻고 싶었다고 했다. 그날의 코미디클럽 방문은 그 자체로 하나의 코미디였다.

뉴욕 맨하탄 내 117 MacDougal Street에 위치한 클럽이다

맨 앞 줄에 앉아서

추수감사절을 보내면서
2013년 11월 29일

추수감사절이 되면 늘 떠오르는 기억이 있다.

미국에 처음 이민 와 고등학교를 다닐 때, 추수감사절이 지나고 학교에 돌아가면 급우들과 선생님들이 한결같이 던지는 인사가 있었다.

"터키 잘 드셨습니까?"

나는 미국에서 고등학교 3년을 다니는 동안, 집에서 터키를 먹어 본 기억이 없다. 약 40년 전, 처음 이민 왔을 때 우리 가족은 터키를 그다지 맛있다고 느끼지 못했다. 추수감사절을 앞두고 학교 점심 메뉴로 나온 것을 맛보는 것이 전부였고, 집에서는 터키 대신 닭이나 햄이 주로 식탁에 올랐던 기억이 난다. 그러다 보니, 추수감사절 후 학교에서 "터키 잘 먹었느냐"라는 인사를 받을 때마다 대답이 난감했다.

지금도 터키가 그렇게 맛있는 음식이라는 생각은 들지 않는다. 하지만 이제는 그런 질문이 어색하지 않을 정도로 미국 생활과 추수감사절 문화에 익숙해졌다. 그러나 추수감사절의 의미를 생각해 보면, 이 절기는 단순히 음식을 즐기는 날이 아니라, 무엇인가에 감사하라는 의미가 아닐까 싶다. 아니,

적어도 감사할 일에 대해 한 번쯤 생각해 보라는 뜻이 담긴 날이 아닐까.

돌이켜 보면, 나 자신도 올 한 해 감사해야 할 일이 참 많았다.

모든 일이 뜻대로 이루어진 것은 아니었고, 하고 싶었던 것을 다 할 수 있었던 것도 아니다. 하지만 그럼에도 불구하고, 내가 믿는 하나님께서 나를 이만큼 지켜 주셨음에 감사드린다. 그중 여러분과 함께 나누고 싶은 감사의 이유를 하나 꼽자면, 무엇보다도 오늘까지 나에게 생명을 허락해 주신 것이다.

나는 지금으로부터 12년 전, 대장암 수술을 받았다.

당시 배가 오랫동안 아팠지만, 그저 소화가 잘되지 않는 정도로 가볍게 여겼다. 그래서 제대로 검사를 받지 않고 미루다 보니 병을 키우고 말았다. 그때 나는 40대 중반이었다. 아직 젊다고 생각했고, 건강에 대한 막연한 자신감이 있었다. 하지만 막상 암 판정을 받았을 때는 이미 종양의 크기가 골프공만큼 자라 있었다. 언제 장이 파열할지 모르는 위험한 상황이었고, 급히 수술이 필요했다.

처음 받는 수술이었다. 죽음에 대해 생각하지 않을 수 없었다. 수술실에 들어가기 전, 나는 한 가지 소원을 품고 기도했다. 그때 내 아이들은 아직 어렸다. 특히 작은아이는 초등학교 4학년을 갓 마친 상태였다. 나는 하나님께 "이 아이가 대학에 들어갈 때까지는 내 생명을 지켜 달라"라고 간절히 기도했다. 적어도 대학에 들어갈 때까지는 아버지로서 옆에 있어 주어야 한다고 생각했다.

다행히 수술은 성공적이었다. 대장 약 한 자(30cm) 정도를 제거했지만, 암세포가 다른 곳으로 전이되지 않아 간단한 화학요법 치료만 받고 끝낼 수 있었다. 그리고 그 후 정기 검사에서도 재발 없이 지금까지 건강을 유지하고 있다. 나는 그렇게 암 생존자가 되었다.

그로부터 12년이 지난 지금, 둘째는 대학에 입학했을 뿐 아니라 졸업하고 대학원에 진학했다. 그때 기도했던 8년이 훌쩍 지나, 나는 이제 4년을 더 살고 있다. 어쩌면 지난 4년은 덤으로 주어진 삶인지도 모른다. 그래서 나는 매일 하루의 삶에 감사하려고 한다. 덤으로 주어진 날들이기에 더욱 고맙고, 그 하루하루에 더욱 충실해야 한다고 다짐한다.

내가 또 한 가지 감사해야 할 것은, 나의 낙천적인 성격이다.

나는 매사를 부정적으로 보기보다 긍정적인 마음으로 대하려 한다. 어려운 일이 닥쳐도 "더 힘들 수도 있었는데, 이 정도로 마무리된 것에 감사하자"라는 생각을 갖는다. 이런 성격이 타고난 것인지, 아니면 살아가면서 후천적으로 배운 것인지는 모르겠다. 하지만 무엇보다도 감사한 마음을 유지할 수 있다는 점이 나에게는 큰 축복이다.

누군가 "두려움보다 더 두려운 것은 희망"이라고 했다.

그 말이 처음에는 낯설게 들릴 수도 있지만, 나는 오히려 이렇게 해석하고 싶다. "희망이야말로 모든 어려움을 극복할 수 있는 힘이 된다." 나에게 어려움이 닥칠 때, 나는 그것이 더 힘든 상황으로 이어지지 않은 것에 감사한다. 그리고 무엇보다도, 여전히 희망을 가질 수 있다는 사실에 감사한다.

올해 추수감사절을 맞아, 나는 여러분께 인사하고 싶다.

"터키 잘 드셨습니까?"

그리고 한 가지 더 바라 본다. 여러분이 나보다 더 많은 감사의 이유를 가진 한 해였기를. 그리고 내년 추수감사절까지, 여러분의 삶에 감사할 일이 계속되기를 기원한다. 혹시 어려운 일이 닥치더라도, 긍정적인 마음을 잃지 않고 희망의 끈을 놓지 않기를 바란다.

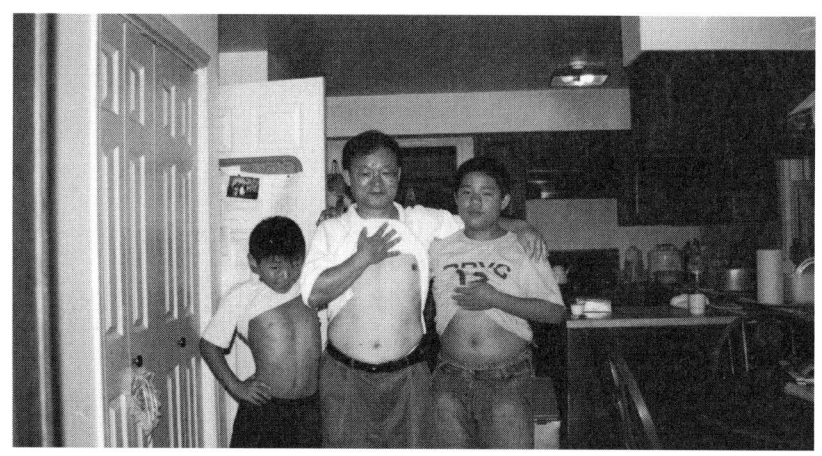

수술 전날 성한 마지막 배 모습을 아들들과 함께 사진에 담았다

2장
이민 생활

여는 글

미국에서 이민자로 살아온 지 이제 50년이 넘는다. 고등학교 시절 전 가족이 함께 이민을 와서 산 기간이 고국에서 살았던 기간의 세 배나 된다. 1974년 8월 말, 워싱턴 디씨 인근 덜레스 공항에 도착했을 때, 1년 전에 먼저 취업 이민으로 미국에 와서 우리 가족을 기다리던 아버지가 가져오셨던 오래된 하얀색 중고차가[5] 그렇게 멋져 보일 수가 없었다. 그 차는 매주 엔진 윤활유를 두 깡통씩 먹어야만 했는데, 나는 모든 차가 매주 그 정도의 윤활유가 필요한 줄 알았다.

가끔 다른 한인 이민자들에게 내가 미국에서 살아온 기간을 얘기하면 깜짝 놀라는 모습을 보인다. 그 기간이 길다는 데 놀라는 것인지, 아니면 그렇게 오래 살았으면 다 미국 사람처럼 되었어야 할 것 같은데 그렇지 않다는 데 놀라는 것인지 알 수 없다. 그리고 미국인들에게 내가 50년 이상 미국에서 살았다고 하면 또 다른 이유로 놀라는 것일지도 모르겠다. 그렇게 오래 살았으면서도 영어를 구사할 때면 여전히 짙은 억양이 있기 때문이다.

지난 50년 중 30년은 공직과 사회봉사에 많은 시간을 할애했다. 그래

---

[5] 그 차는 1967년 정도 형의 플리머스였는데 불과 몇백 달러를 주고 샀다고 했다.

서 다른 이민자들이 보면 아메리칸드림을 이룬, 주류 사회에 잘 융화되어 살아가는 사람으로 보일 수 있다. 어쩌면 나름대로는 그렇게 되어 보려고 노력했는지도 모른다. 그러나 나 스스로 주위에 나를 이민자로 소개하는 것을 보면, 아직도 미국 생활에 불편하거나 어색한 부분들이 있기 때문일 것이다. 그것은 내가 선택한 삶이라고 할 수도 있다. 또 그렇게 생각해야 내게 위안이 될 것이다.

한편으로는, 이상현 박사가[6] 주장했던 것처럼 변방인으로 살아가기 십상인 이민자들에게 특별히 주어진, 공동체의 창조적 발전에 기여하는 역할을 나 역시 맡아 행해 나가고 있다는 점에서 오히려 감사해야 한다고 할 수도 있다. 그렇지만 미국에서 태어난 두 아들, 그리고 현재 한 명뿐인 손녀와 앞으로 태어날 다른 후손들은 변방인의 삶이 아니었으면 좋겠다는 욕심이 있다. 그것이 나 자신을 부인하는 욕심인지 모르지만.

---

[6] 이상현(Lee, Sang Hyun, 1938-2023) 박사는 미국 프린스턴 신학대학원(Princeton Theological Seminary)에서 31년간 조직신학을 가르친 세계적인 석학으로, 해당 학교 역사상 최초의 아시아계 교수였다. 경북 상주시에서 태어나 대구 계성고등학교를 졸업한 후, 1955년 17세의 나이에 미국 뉴저지로 유학을 떠났다. 우스터 대학교(Worcester College)를 졸업하고, 하버드 대학교에서 조나단 에드워즈 신학에 대한 연구로 박사학위를 받았다. 2011년 은퇴 후 명예교수로 추대되었다.

박재훈 목사님
2021년 8월 6일

"내 진정 사모하는 친구가 되시는
구주 예수님의 아름다우심
산 밑에 백합화요 빛나는 새벽별
주님 형언할 길 아주 없도다.

나의 맘이 아플 적에 큰 위로 되시며
내 영이 외로울 때 좋은 친구라
주는 저 산 밑의 백합 빛나는 새벽별
이 땅 위에 비길 것이 없도다."

 이는 박재훈 목사가 편곡한 찬송가 「주는 저 산 밑에 백합」의 가사 일부다. 나는 이 곡을 참 좋아했다. 한국에서 고등학생 시절, 교회에서 두 후배 여학생들이 이 곡을 이중창으로 부를 때면 자연스럽게 빠져들었다. 곡의 아름다움, 가사의 깊은 울림, 그리고 그 여학생들의 모습과 목소리까지 모든 것이 좋았다. 대학 시절 보스턴 지역 한인 교회를 다닐 때도 마찬가지였다. 교회에서 가까운 명문 여자대학교에 다니던 여학생 두 명이 가끔 이 곡을 이중창으로 부르곤 했는데, 그때도 고등학교 시절과 비슷한 감정을 느꼈다.

그런 박재훈 목사가 별세하셨다는 소식을 들었다. 캐나다 토론토에서 가장 큰 한인 교회로 알려진 큰빛교회를 설립하고 초대 담임목사를 지냈으며, 돌아가시기 전까지 원로목사로 계셨다. 99세까지 장수하셨으니 분명 축복받은 삶이었다. 또한 그의 음악과 삶이 많은 이들에게 깊은 영향을 끼쳤으니, 남부러울 것 없는 삶을 살았다고 해도 과언이 아닐 것이다. 하지만 이렇게 훌륭한 어른을 또 한 분 떠나보내야 한다는 사실은 어쩔 수 없는 허전함으로 다가온다.

나는 박재훈 목사와 직접 대화를 나눈 적은 없지만, 한 번 가까운 거리에서 뵌 적이 있다. 아마도 1979년 봄쯤이었을 것이다. 다만 박재훈 목사가 토론토로 이주한 것이 1979년이라고 하니, 어쩌면 그보다 조금 지난 1980년이나 1981년이었을 수도 있다.

그때 박 목사는 토론토 한인합창단을 이끌고 보스턴 지역으로 공연을 왔다. 합창단원들 대부분은 중년 이상의 연배로 보였다. 그날 어떤 곡들을 불렀는지 정확히 기억나지는 않지만, 성가곡뿐만 아니라 한국 민요와 가곡도 있었던 것 같다. 그중 한두 곡은 보스턴 지역 한인합창단과 함께 부르게 되었다. 당시 보스턴 한인합창단은 몇몇 한인 교회 성가대원들로 구성되어 있었는데, 나도 교회 성가대 활동을 하고 있었기에 합창단의 일원으로 참여할 기회를 얻었다. 보스턴 지역 한인합창단은 로웰대학에서 성악과 교수로 재직 중이던 옥인걸 교수[7]가 지휘를 맡고 있었다. 지금

---

[7] 옥인걸 교수(매사추세츠 대학교 로웰대학 명예교수)는 뉴잉글랜드 음악원에서 디프로마와 석사학위를 받고, 세계적인 콩쿠르에서 다수의 수상과 협연경력을 가지고 있다. 하버드 대학교 글리 클럽 보컬 지도, 매사추세츠 대학교 로웰대학 성악과 과장 겸 오페라 디렉터로 32년간 재직했다.

쯤이면 아흔이 넘으셨을 듯하다.

그날 토론토에서 내려온 합창단원들과 함께 리허설을 하면서, 나는 잊을 수 없는 이야기를 듣게 되었다. 합창단원 중 상당수가 지렁이잡이 일을 한다는 것이었다. 지렁이는 밤에 잡아야 한다고 했다. 그때까지 그런 직업이 있다는 것조차 들어 본 적이 없던 나에게는 충격이었다. 그리고 그런 일을 하는 한인들이 많다는 사실은, 당시 캐나다 이민 생활이 얼마나 힘들었는지를 단적으로 보여 주는 것이었다.

물론, 미국에 거주하던 한인들의 삶도 녹록지 않았다. 내 어머니처럼 청소일을 하는 분들도 많았고, 세븐일레븐이나 하이스 같은 편의점에서 계산대나 재고 정리 일을 하는 것이 그나마 안정적인 직업으로 여겨지기도 했다. 손재주가 있는 여성들은 하루 종일 키펀치를 두드리는 일을 하기도 했다.

그렇게 힘겹게 살아가던 토론토의 한인 동포들에게 박재훈 목사는 합창을 통해 위로와 격려를 전해 주었다. 함께 모여 노래할 수 있다는 것이, 그들에게는 삶의 큰 낙이 되었을 것이다. 보스턴 공연을 마친 후, 그들은 충분한 관광도 하지 못한 채 일요일 저녁 버스를 타고 다시 토론토로 떠났다. 다음 날 또 지렁이를 잡아야 한다는 것이었다. 그들의 뒷모습을 보며 가슴이 먹먹했다.

그런 동포들에게 40년 넘게 사회적, 음악적, 그리고 영적인 지도자의 삶을 살아오신 박재훈 목사께 이제라도 감사의 인사를 전하고 싶다. 당신의 음악과 헌신 덕분에 많은 사람들이 위로받고 희망을 얻을 수 있었다. 늦었지만, 다시 한번 깊은 감사의 마음을 전한다.

A Seat at the Table
2019년 11월 8일

영어 표현 중에 "a seat at the table"이라는 말이 있다. 직역하면 '테이블에 앉을 수 있는 자리'가 되지만, 실제 의미는 '의사 결정 과정에 참여할 수 있는 기회'를 뜻한다. 이번 주 화요일 선거를 통해 선출된 공직자들도 결국 그러한 자리를 얻게 된 셈이다. 테이블에서 한 자리를 차지한다는 것은, 특히 그 자리에 앉은 사람이 특정 그룹을 대표하는 경우, 해당 그룹이 의사 결정 과정에서 일정한 위상을 인정받는다는 의미이기도 하다.

최근 페어팩스 카운티 정부 기금 사용과 관련된 한 모임에 다녀오면서, 우리 한인 사회도 이러한 자리 배정에 대한 요구를 꾸준히 해야 할 필요가 있다는 생각이 다시 한번 들었다.

페어팩스 카운티 정부의 1년 예산 중 약 9억 달러가 보건 복지에 쓰인다. 그중 약 1,300만 달러가 Consolidated Community Funding Pool(CCFP)이라는 기금으로 책정되어 있다. 이 CCFP는 비영리 단체나 지역 사회 단체들이 페어팩스 카운티 주민들의 복지를 위해 기획한 프로젝트를 지원하는 재원으로 사용된다.

이 기금은 2년에 한 번씩 배정되며, 따라서 지원하는 프로젝트들도 2년간의 활동 계획을 포함해야 한다. 2019~2020 회계연도 동안 배정된 기금을 살펴보면, 가장 적은 금액을 받은 프로젝트는 긴급 구호 식량 지원(2만 달러)이었고, 가장 큰 금액을 받은 프로젝트는 전과자들과 그 가족들의 사회 적응을 돕는 프로그램(67만 달러)이었다. 워싱턴한인복지센터 역시 CCFP 기금의 일부를 받아 중요한 사업을 수행해 오고 있다.

그런데 내가 한인 사회의 자리 배정 필요성을 절감하게 된 이유는, 이 기금의 사용과 배정 원칙 등에 관한 정책 자문 기구에 한인 사회를 대표하는 사람이 보이지 않았기 때문이다. 약 20명 가까운 자문위원 중 한인 위원은 단 한 명도 없었다.

물론, 이러한 자문위원회에 참여하는 사람들은 카운티 전체의 필요를 고려해야 한다. 하지만, 카운티를 구성하는 여러 소수 민족 사회의 특수한 요구를 반영하기 위해서는 한인 사회의 입장과 의견을 제시할 수 있는 대표자가 필요하다. 우리 사회의 목소리를 반영하고, 기금 사용 정책에 한인들의 필요를 포함시키려면, 반드시 그러한 자리에 참여해야 한다.

특히, 기금 수여자 선정에 절대적인 영향을 미치는 기금수여자선정자문위원회(Selection Advisory Committee) 같은 기구에도 한인들의 적극적인 참여가 필요하다. 물론 한 명의 목소리가 결정적인 영향을 미칠 수 있을까 의문을 가질 수도 있다. 하지만 내가 과거 유나이트웨이(United Way)의 기금 심사 과정에 참여했던 경험을 떠올려 보면, 단 한 명의 소수 의견도 쉽게 무시되지 않는다. 회의에서는 모든 위원의 의견이 존중받으며, 가능하면 반영될 수 있도록 조정하는 과정이 이루어진다.

유감스럽게도 2021~2022 회계연도 기금수여자선정자문위원 지원은 이미 지난 8월 말에 마감되었다. 하지만 2년마다 새로운 위원회가 구성되는 만큼, 2년 후에는 한인 사회에서도 많은 분들이 지원해 주기를 바란다.

우리가 살고 있는 지역 사회에는 우리가 참여하고 봉사할 수 있는 영역이 많다. 물론 관련 정보를 접할 기회가 없어 참여 기회의 존재 자체를 모를 수도 있다. 이런 부분에 대해서는 우리가 거주하는 지역의 카운티 슈퍼바이저나 시의원에게 문의할 수도 있고, 한인회를 비롯한 커뮤니티 단체들이 적극적으로 나서서 살펴볼 수도 있다.

미국에서 살아가는 한, 지역 정부의 정책과 행정이 우리의 일상생활에 직접적인 영향을 미친다. 한인 사회가 지역 사회에서 인정받고, 영향력을 행사할 수 있으려면 우리도 적극적으로 참여해야 한다. 우리가 차지해야 할 자리, "a seat at the table"을 놓치지 말자.

40년 후배들과의 만남
2017년 7월 14일

몇 주 전에 대학교 40년 후배 두 명을 만났다. 사실 내가 대학을 졸업한 지 36년밖에 되지 않았으니 엄밀히 따지면 아직 40년 후배는 아니다. 올해 고등학교를 졸업하고 대학에 입학하는 이들이 4년 후 졸업하면, 그제야 나의 40년 후배가 된다는 뜻이다.

동료 교육위원으로부터 연락이 왔다. 자신의 지역구에 있는 한 고등학교에서 올해 두 명의 학생이 내가 졸업한 대학에 진학하는데, 아침 식사라도 같이하면서 선배로서 경험담을 들려주면 좋지 않겠느냐는 제안이었다. 두 학생 모두 소수계 출신이었고, 내가 학교 선배로서 격려해 주는 것이 의미가 있을 것 같다고 했다. 오래전 내 경험이 과연 무슨 도움이 될까 하는 의문도 들었지만, 어린 후배들에게 조금이라도 힘이 되어 주고 싶은 마음에 토요일 아침 시간을 냈다.

학생 두 명 중 한 명은 중산층 가정에서 자란 학생이었고, 다른 한 명은 여섯 형제 중 막내였다. 부모님은 자신이 태어난 나라에 거주하고 있고, 그는 미국에서 형제들과 함께 살고 있다고 했다. 여섯 살 무렵 미국에 왔기에 영어에는 지장이 없었지만, 부모님 없이 형제들끼리 살아가며 경제적으로 넉넉지 않은 환경이었음을 어렵지 않게 느낄 수 있었다.

가정 형편이 어려운 그 학생은 컨트리클럽에서 교육위원 두 명과 학교 교장 선생님과 함께 아침 식사를 한다는 것이 신경 쓰였는지, 새로 산 듯한 옷을 입고 나왔다. 하지만 제대로 챙겨 주는 어른이 곁에 없다는 것이 옷차림에서도 드러났다. 새 옷을 사서 입었지만, 포장에서 꺼낸 후 미처 다림질을 하지 못해 접힌 주름이 그대로 남아 있었다. 전날 밤에 급하게 준비한 듯한 모습이었다. 그 순간, 나도 한국에서 어렵게 살다가 처음 미국에 이민 왔을 때의 기억이 떠올랐다.

고등학교 시절, 한국에서 살 때 나는 변변한 사복 한 벌이 없었다. 학교나 교회에 갈 때는 교복을 입었고, 집에서는 체육복이나 교련복을 걸쳐 입었다. 미국에 오기 직전에서야 겨우 사복을 한두 벌 마련할 수 있었다. 하지만 미국에 와서도 마찬가지였다. 옷을 제대로 살 형편이 되지 않았고, 아주 저렴한 가게나 헌 옷 가게에서 옷을 구해 입었다.

한번은 같은 반 친구가 나에게 물었다. "너는 옷이 하나밖에 없니?"

그 친구는 내가 한국에서 가져온 연두색 윗도리를 너무 좋아해서 일부러 계속 입는 줄로만 알았다. 그러나 사실 나에게는 그 옷 외에 입을 만한 다른 옷이 없었다. 그래서 더러워지면 바로 세탁해 다음 날에도 계속 입었던 것이다. 미국에 온 뒤 체중이 늘어 옷이 몸에 꽉 끼었지만, 그 옷을 계속 입을 수밖에 없었다.

또 한번은 학교 친구 몇 명이 사전 연락 없이 내가 살던 아파트로 찾아온 적이 있었다. 친하게 지내던 백인 친구들이었는데, 내가 한 번도 그들을 집으로 초대한 적이 없었기에 궁금했던 모양이었다. 그때 나는 상당히 당황했다. 친구들에게 누추한 내 생활을 보여 주기가 싫었다. 결국 문밖에서 서서 이야기만 하다가 돌려보냈다.

아마 그 친구들도 내가 현관문을 열었을 때 내 어깨 너머로 어렴풋이 보였을 거다. 낡은 소파 한 세트, 침실이 부족해 거실 한쪽에 놓인 침대. 그 모습이 그들에게도 낯설었을 것이다. 그 시절, 지금처럼 이민자가 많지 않았고, 백인 친구들은 이민자 가정의 생활이 자신들과 얼마나 다를 수 있는지 잘 몰랐을 테니까.

나는 40년 후배들에게, 특히 가난한 이민자의 삶을 살아가고 있는 후배에게 대학에 가서 위축되지 말고 당당히 공부하라는 말을 전하고 싶었다. 그래서 내가 과거에 기죽었던 경험, 그로 인해 대학 생활을 좀 더 활발하고 유익하게 보내지 못했던 일들을 이야기해 주었다. 때로는 진지하게, 때로는 웃어 가면서 말하는 동안 후배들은 열심히 내 이야기에 귀를 기울였다.

그 모습을 보며, 나는 문득 깨달았다. 이제 나는 확실히 말 많은 대선배가 되어 있었다.

뿌리 교육
2018년 3월 23일

지난 토요일, 버지니아주 폴스처치에 위치한 한 베트남 언어학교의 봄 축제 행사에 다녀왔다. 그 학교는 우리의 한글학교와 비슷한 형태로, 베트남계 학생들에게 베트남어와 문화를 가르치고 있었다. 교회를 빌려 운영하는 듯했다. 행사에 오래 머물지는 못했지만, 여러 가지를 느끼고 돌아왔다.

주최 측의 배려로 나는 지역 베트남 주민협회 회장 바로 옆에 앉게 되었다. 행사 중간중간 그는 나에게 설명을 해 주었다. 대부분의 진행이 베트남어로 이루어졌기에, 그의 설명이 없었다면 이해하기 어려웠을 것이다.

그 회장은 70대 후반쯤 되어 보였다. 1975년, 사이공 함락 이후 난민 신분으로 미국에 왔다고 했다. 그는 미국 정착 초기에 한인들로부터 새로운 삶을 개척하는 방법을 배웠다고 회상했다. 특히 가까이 지냈던 한 한국인은 사이딩 일을 했는데, 부지런하기가 이루 말할 수 없었다고 한다. 다른 기술자 한 명과 함께 하루도 아닌 이틀 만에 집 한 채를 마무리할 정도였다. 새벽 동이 트기 전부터 시작해 어두워질 때까지 일하는 모습을 보며 깊은 인상을 받았다고 했다. 그 한국인의 부인은 미용 기술을 배워 미용사로 일했다. 그 부부가 자신에게는 롤 모델이었다고 그는 말했다. 그래서 자신도 같은 길을 가기로 결심했고, 본인은 페인팅 일을 하며, 부인은 미용 기술을 배워 정착했다고 했다.

행사장에서 내 시선을 끈 것 중 하나는 성조기와 나란히 깃대에 세워져 있던 또 하나의 국기였다. 그런데 그것은 현재 통일된 베트남의 국기가 아니라, 옛 남베트남 국기였다. 행사 시작 때 미국 국가가 연주된 후, 학생들의 인도 아래 참석한 베트남계 주민들 모두가 남베트남의 옛 국가를 제창했다. 미국에서 태어난 베트남계 어린 학생들이 통일 베트남의 국기와 국가를 배우는 것이 아니라, 패망 전 남베트남의 국기와 국가를 자신들의 뿌리 문화로 배우고 있었다. 주민협회 회장은 현재의 공산주의 체제를 절대로 인정할 수 없다고 단호하게 말했다.

또한 행사 중 한 세션에서는 학생들에게 1968년 뗏(Tét) 대공세에 대한 설명이 비교적 긴 시간 동안 이루어졌다. 뗏은 베트남어로 음력설을 뜻한다고 한다. 당시 베트남 전쟁은 1955년부터 오랜 기간 지속되어 왔는데, 이 대공세로 인해 큰 전환점을 맞았다. 설날을 맞아 이틀간 휴전하기로 한 약속을 깨고, 월맹군과 베트콩이 남베트남 전역에서 기습 공격을 감행한 것이다. 이후 수개월 동안 치열한 전투가 이어졌고, 결국 월맹군과 베트콩도 막대한 피해를 입었지만, 미국인들에게는 전쟁의 실상이 여실히 드러나는 계기가 되었다. 그때까지 미국은 전황이 유리하게 진행되고 있다고 믿었지만, 이 대공세로 인해 종전이 아직도 멀었다는 현실을 깨닫게 되었다. 그리고 미국 내에서 반전 여론이 급물살을 타기 시작했다.

결국 미국은 베트남 전쟁에서 손을 떼기로 결정했고, 1975년 남베트남이 패망했다. 행사에서 가장 강조된 전투는 후에(Huế) 전투였다. 후에는 남북 경계선에서 약 50km 남쪽에 위치한 도시로, 한 달간 지속된 전투에서 월맹군과 베트콩이 수천 명의 남베트남 양민을 학살했다고 한다. 베트남 주민협회 회장은 월맹군과 베트콩이 총알이 아까워 죽창으로 사람들을 찔러 죽이기까지 했다고 전했다. 이는 초등학교 시절 내가 배웠던 6.25 전쟁의 참상과도 유사했다. 미국에서 태어난 베트남계 학생들이 이러한 역사를 듣고 배우며, 조국의 과거를 기억하는 방식이 인상적이었다.

행사를 마치고 나오면서 문득 우리 한인 사회의 뿌리 교육에 대해 생각해 보게 되었다. 우리의 후세들에게 무엇을 어떻게 가르쳐야 할까? 한글 교육과 함께 한국 역사와 정체성을 어떻게 전수할 것인가? 우리 동포들이 공감할 수 있는 뿌리 교육의 표준 교재가 있다면, 그 안에는 무엇이 담겨야 할까?

또한, 언젠가 남북이 통일된다면, 미국에서 자라나는 한인 후세들은 1945년 이후 한국의 역사를 어떻게 배우고 평가해야 할까? 베트남계 사회처럼 한쪽의 역사만을 강조할 것인가, 아니면 보다 균형 잡힌 관점에서 후세들이 역사를 바라볼 수 있도록 할 것인가? 이러한 고민이 머릿속을 맴돌며, 우리의 정체성과 역사 교육에 대한 깊은 숙제를 남긴 하루였다.

한국학교 워싱턴 지역(버지니아주와 메릴랜드주)
협의회 주최 낱말경연대회 겸 학예발표회(2025년 5월 3일)

학부모 대상 강연하는 모습

늦깎이 학생

1999년 6월 25일 - Washington Media

예년과 마찬가지로 올해에도 여러 고등학교 졸업식에 참석하였다. 지난주 토요일 저녁, 조지메이슨 대학의 Patriot Center에서 열린 Thomas Jefferson 과학고등학교 졸업식에는 고어 부통령이 연설자로 참석하였다. 경호원들이 밀착 경호하는 모습이 다소 눈에 거슬렸지만, 부통령을 직접 볼 수 있는 기회라는 점에서 참을 만하다고 느꼈다.

월요일 오후에는 디씨 내의 Constitution Hall에서 Annandale 고등학교 졸업식이 열렸고, Robinson 고등학교 졸업식은 동교 체육관에서 진행되었다. 특히, Robinson 고등학교 졸업식 연설자로는 유명한 프로 풋볼 선수 Calvin Hill의 부인이자, 프로 농구 선수 Grant Hill의 어머니인 Janet Hill 여사가 있었다. 그녀가 졸업생들에게 전한 열 가지 조언 중 "어머니 말씀 잘 듣는 것"이 가장 중요하다는 말씀이 인상적이었다.

같은 날 저녁에는 Fairfax 고등학교 졸업식에도 참석하였고, 다음 날에는 Lake Braddock 고등학교와 Pimmit Hills Alternative High School 졸업식에도 발걸음을 옮길 수 있었다. 또한 목요일에는 Woodson 고등학교에서 열린 Adult High School 졸업식에도 참여하였다. 그동안 열심히 공부하여 졸업한 학생들과 이들을 뒷받침해 준 부모님 모두에게 축하의 박수를 보낸다.

그러나 이번에 참석했던 졸업식들 중에서 필자에게 가장 큰 감명을 준 것은 지난주 화요일 저녁 Falls Church 고등학교에서 열린 External Diploma Program(EDP) 졸업식이었다.

EDP는 Fairfax 교육청이 성인 학생들에게 고등학교 졸업의 기회를 제공하기 위해 마련한 세 가지 프로그램 중 하나로, 21세 이상의 성인들에게 제공된다. 약간의 학비를 부담하는 이 프로그램은 고등학교를 졸업하지 못한 성인들이 자신의 일정에 맞춰 고등학교 과정을 마칠 수 있도록 돕기 위해 시작되었으며, 수료 속도는 전적으로 학생의 노력과 필요에 달려 있다고 한다. 대부분의 학습은 집에서 이루어지며 연중 언제든 입학이 가능하다. 이 프로그램의 학생들 — 사실 'client'라고 지정된다고도 한다 — 의 대부분은 이미 결혼하여 자녀를 둔 경우가 많으며, 필요에 따라 등록 사실을 비밀로 유지할 수도 있다고 한다. 실제로, 고용주나 자녀, 이웃들에게 고등학교를 졸업하지 못했다는 사실이 부끄러워 비밀로 해 달라는 학생들도 적지 않아, 이날 졸업식에 일부러 참석하지 않은 경우도 있었다. 졸업식 순서지에서도 이들의 이름을 찾아보기 어려웠다.

이날 졸업생들의 나이 분포는 19세부터 66세까지 다양하였다. 특히 66세의 졸업생은 13명의 손주와 5명의 증손주를 둔 흑인 여성으로, 1991년에 은퇴한 후 못다 한 공부를 마음에 두고 작년 65세 때부터 이 프로그램에 등록해 학업에 임했다고 전해졌다. 그녀는 내친김에 올가을부터 NOVA[8]에 등록하여 종교학과 통신학을 공부할 계획이라고 하였으며, 많은 가족들에게 둘러싸여 축하를 받는 모습은 그야말로 아름다웠다.

이날 졸업생 중에는 한국 학생 한 명도 있었다. 올해 51세인 이 학생은 1989년에 미국에 입국한 후, 페어팩스 공립학교에서 주중에는 청소 업무를, 주말과 공휴일에는 Fairfax 병원에서 침대 시트를 보급하는 일을 맡아 1년 내내 하루도 빠짐없이 일해 왔다. 한 직장에서 일주일 내내 쉬지 않고 근무할 수 있는 날이 빨리 오기를 소망하며, 4년 전 성인 ESL 교육부터 시작하여 이번에 고등학교 졸업장을 손에 쥘 수 있게 되었다고 한다. 물론 그동안 부인과 대학에 다니는 딸의 격려와 도움이 큰 힘이 되었다고 전해진다.

이 학생은 단지 공부와 더 나은 직장을 얻기 위함만이 아니라, 대학에 다니는 딸에게 열심히 노력하고 교육을 중요시하는 아버지의 모습을 보여 주고자 이 프로그램에 등록했다고 한다. 피곤한 몸을 이기며 학업에 정진했고, 프로그램에 함께 등록한 다른 학생들에게도 항상 모범이 되는 학습 자세를 보여 주었다. 선생님들이 이 나이 든 한인 학생에게 아낌없는 칭찬을 보내는 소리를 들을 때, 필자는 마음 깊은 곳에서부터 존경의 박수를 보낼 수밖에 없었다.

혹시 고등학교 졸업을 이루지 못하신 분들 중 공부에 도전해 보고 싶은 분들이 있다면, 이 프로그램에 참여해 보기를 강력히 권하고 싶다. 이 늦

---

8) NOVA라고도 불리는 Northern Virginia Community College는 2년제 대학으로 모두 북부 버지니아의 여섯 군데에 캠퍼스가 위치하고 있다.

깎이 학생이 이날 졸업식에서 특별상을 수상한 것도 당연한 일일 것이다.

축하드립니다. 이 선생님!

성인고등학교 졸업식 장면(페어팩스 카운티 교육청 제공)

라마단 저녁 식사
2014년 7월 25일

지난 금요일, 터키 주민 친선협회에서 초청한 이프타르 저녁 식사에 참석할 기회가 있었다. 이프타르는 이슬람교도들이 금식하는 라마단 기간 동안의 저녁 식사를 의미한다. 이전에도 모스크의 초청으로 몇 차례 이프타르에 참석한 적이 있었지만, 이 단체에서의 초청은 이번이 처음이었다.

나는 기독교인이다. 그러나 교육위원으로서 지역사회의 다양한 주민들을 더 깊이 이해하려면 나의 종교적 배경을 뛰어넘어야 한다고 생각한다. 따라서 종교, 철학, 정치적 견해가 나와 다른 사람들과의 만남을 피할 수 없다. 때로는 그들을 설득해야 할 때도 있지만, 먼저 올바르게 이해하는 것이 우선이다. 그래서 이들과의 교류를 적극적으로 받아들이고, 초청을 기꺼이 수락한다. 나에게 종교와 사상의 자유가 중요하듯이, 다른 사람들도 같은 자유를 누릴 권리가 있다고 믿기 때문이다.

이번 저녁 식사에서도 많은 것을 배웠다. 이슬람교도들에게 라마단은 가장 성스러운 절기라고 한다. 라마단은 이슬람력(음력)으로 아홉 번째 달이며, 이슬람력도 우리가 사용하는 음력과 같다. 다만, 양력과 1년에 10~11일 차이가 나는데, 우리는 이를 윤달을 통해 조정하지만, 이슬람교도들은 그대로 둔다. 그 결과 라마단 기간이 해마다 약 열흘씩 앞당겨

져, 결국 계절을 가리지 않고 돌아오게 된다.

올해 라마단은 6월 28일부터 7월 27일까지였으며, 이번 주 일요일로 끝이 났다. 이 기간 동안 이슬람교도들은 매일 해가 뜨기 전부터 해가 질 때까지 금식한다. 금식 중에는 물 한 모금도 마시지 않는다. 따라서 일조 시간이 긴 여름에 라마단이 오면 금식 시간이 더 길어져 더욱 힘들어진다. 이번 금요일 저녁 식사도 8시 40분이 넘어서야 시작되었다. 그날 일출이 오전 6시 전이었으니, 거의 15시간 동안 아무것도 먹지 않았던 셈이다.

식사 전에 이슬람 성직자가 나와 기도를 했다. 물론 이슬람식 기도였고, 초청받은 손님들을 위해 기도문을 자막으로 제공했다. 기도문에는 무함마드와 신(알라)의 관계가 묘사되어 있었다. 나는 기도 후 따로 나만의 방식으로 기도를 드렸지만, 한 가지 궁금증이 들었다. 비기독교인들은 한인 사회 행사에서 종종 접하는 기독교식 기도에 대해 어떻게 느낄까? 나 자신이 이슬람식 기도문을 접하며 가졌던 느낌과 별반 다르지 않을 것 같았다.

그날 성직자의 설명을 들으며, 라마단 기간 동안 이루어지는 금식이 기독교인인 나도 충분히 공감할 수 있는 부분이 있음을 깨달았다. 그의 설명에 따르면 금식은 단순히 육체적 훈련이 아니라 정신적 훈련을 포함하는 것이었다.

우선, 육체적으로는 음식 섭취를 자제하는 훈련이며, 이를 통해 배고픔을 겪는 어려운 이웃을 생각해야 한다고 했다. 그래서 라마단 기간 동안 자선 행위가 특히 강조된다고 한다. 그리고 이러한 자선 행위는 금식과 더불어 이슬람의 다섯 가지 기본 실천 원칙 중 하나라고 설명했다.

정신적 훈련의 의미도 인상적이었다. 우리가 먹고 마시는 모든 음식은 우리의 소유가 아니라 신(알라)으로부터 온 것임을 기억하는 것, 그리고 신이 허락한 시간 전에 입을 대지 않는 것이 금식의 의미라고 했다. 이날 저녁 식사도 사실 8시가 조금 넘어서 이미 모든 테이블 위에 차려져 있었지만, 정해진 일몰 시간까지는 아무도 손을 대지 않았다. 우리 눈앞에 음식이 있지만, 신이 정해 준 시간이 되기 전에는 먹을 수 없다는 것이었다.

이러한 가르침은 기독교인인 나도 충분히 공감할 수 있는 부분이었다. 음식이 단순한 생존 수단이 아니라 신의 은혜라는 점을 다시금 되새길 수 있었다.

이날 저녁 식사와 이슬람교도들과의 만남을 통해, 나와 전혀 다른 종교를 가진 사람들에게서도 배울 점이 많다는 사실을 다시금 깨달았다. 때로는 서로 적대적으로 여기기도 하는 종교 간에도 공감할 수 있는 가치가 존재한다. 서로 다름을 인정하고 열린 마음으로 대하는 것이 중요하다는 것을 다시 한번 느꼈다. 물론, 이날 저녁 음식의 맛도 훌륭했다.

3장
교육 이야기

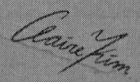

여는 글

지난 30년간 직업이었던 변호사 일보다 더 많은 시간과 정열을 쏟은 분야라면 역시 '교육'이라고 아니할 수 없다. 1996년 선출직으로 바뀌기 직전 6개월간 임명직 교육위원으로 일하기 시작해 지금까지 6번 선거에 당선되어 현재 6선 교육위원으로 일하고 있다. 임기가 4년인 교육위원직에는 두 번의 실패를 포함해 모두 8번 도전했었다.

교육위원 자리는 풀타임 직업은 아니지만, 일의 양은 풀타임 이상이다. 봉급이라고 하기에는 어색할 정도의 수당을 봉급처럼 받는다.[9] 교육위원회는 내가 사는 페어팩스 카운티의 경우 관내 공립학교들에 관한 여러 사안에 최종 결정권을 가지고 있다. 교육감을 고용하거나 해고할 수 있고, 업무를 지시하고 감독하는 기능도 있다. 정책 결정과 예산 수립도 담당한다. 12명 위원들의 집단 지도체제라고 보면 좋을 듯하다. 그 아래에 교육감을 계약직 전문 경영인으로 고용한 셈이다.

교육이라면 한인치고 일가견이 없는 사람은 없을 것이다. 특히 좋은 대학교 입학에 중점을 두는 듯한 모습은 한국이나 별반 다르지 않을지

---

9) 그래도 한 달에 4천 불로서 버지니아주에서는 가장 높은 액수이다. 은퇴연금은 없다. 버지니아주에서는 교육위원들이 선거가 있는 해의 첫 6개월 사이에 그다음 임기 교육위원들의 봉급을 정할 수 있는데 상한선은 같은 지역의 County 슈퍼바이저나 시의원이 받는 봉급 액수이다. 내가 맨 처음 6개월간(1995년 7월-12월) 임명직 교육위원으로 있었을 때는 1년에 8천 불이었다. 그러니 그사이에 많이 인상된 셈이다.

모른다. 물론 정도의 차이는 분명히 있다. 나 역시 교육 이슈나 대학교 입학 준비 과정에 대해 나름의 견해와 소신을 가지고 있다. 미국에서 고등학교, 대학교, 로스쿨까지 마쳤고, 이제는 장성한 두 아이를 미국에서 키우고 학교를 보냈기에 경험에서 우러나온 시각도 지니고 있다. 그러나 내 생각이 다 옳다거나 내가 모든 것을 안다고는 할 수 없다. 그저 내가 겪어 본 것만 알고 있을 뿐이다.

그럼에도 내가 신문, 방송 칼럼을 쓰고 강의도 하며 이렇게 책까지 출판하는 것은, 내가 직접 접하고 겪고 습득했던 고유한 경험과 지식, 정보가 있기 때문이다. 그래서 이 책에서 나누는 교육 관련 이야기들이 독자들에게 설사 공감되지 않는 부분이 있더라도 한 번쯤 생각해 보게 만들 수 있다면, 나는 소기의 목적을 달성한 것이라 본다.

계층 상승 사다리
2019년 9월 27일

　한국에서 최초의 여성 대법관이었던 김영란 전 대법관이 최근 기자들과의 간담회에서 "개천에서 용이 나는 게 어려워진 사회는 발전이 없다", "계층 이동의 사다리가 좁아진 것 같다", "이 사다리가 걷어차이거나, 좁아지거나, 막혀서는 안 된다"라고 발언했다고 한다. 또한, "우리 사회는 다른 나라에 비해 고학력 사회이며, 계층 이동이 비교적 쉬웠고, 이에 대한 갈망도 컸다. 그러나 그만큼 좌절감도 많이 느끼는 것 같다"라고 덧붙였다고 한다.

　이러한 발언들은 조국 법무부 장관의 청문회 과정에서 불거진 장관 자녀들의 특혜 의혹과 맞물리며 더욱 공감을 얻고 있다. 의혹으로 제기된 내용의 사실 여부와 불법성 여부는 형사 재판 절차를 통해 밝혀질 것이라 믿는다. 장관의 직무 수행과 직접 연관되지 않는다 해도, 이미 국민적 관심사가 된 이상 모든 진실이 드러나야 한다.

　그럼에도 불구하고 나는 '계층 상승 사다리'라는 개념에 대해 단순히 긍정적으로만 바라보지 않는다. 이 개념은 '계층'이 존재한다는 전제를 깔고 있다. 계층이 없다면 '상승'을 논할 이유가 없을 것이다. 또한, '상승'이라는 표현에는 가치 판단이 내포될 수밖에 없다. 즉, 상승은 긍정적이고 하강은 부정적으로 인식될 가능성이 크다. 그렇다면 우리가 생각하는 '계층'이란 무엇인가?

조선시대에는 사농공상의 신분 구별이 있었지만, 오늘날에는 그러한 신분제가 존재하지 않는다. 그렇다면 현대 사회에서의 계층은 무엇으로 결정되는가? 직업의 종류인가, 소유한 부의 규모인가, 사회적 존경과 부러움을 받는 정도인가? 아니면 이러한 요소들을 종합해 계층을 산출해야 하는가?

예를 들어, 초·중·고 교사가 대학교수가 되면 계층이 상승한 것인가? 대학교수가 국회의원이나 장관이 되면 역시 상승으로 봐야 하는가? 반대로, 사업체가 파산하면 계층이 하락한 것인가? 계층 사다리에서 몇 계단을 내려온 것인가? 사람마다 이에 대한 답변은 다를 수 있다. 그리고 만약 계층을 구분하는 기준이 정해진다고 해도, 한 계층에서 다른 계층으로 이동하는 것에 어떤 가치를 부여해야 하는가? 더 나아가 자녀 교육에서 '상승'에 초점을 맞추는 것이 과연 옳은 일인가?

나는 20년간 교육위원으로 활동하며 학생들에게 항상 최선을 다하라고 강조해 왔다. 고등학교 졸업 후 대학에 갈 수 있다면 가라고 권했다. 그러나 그것이 신분이나 계층 상승을 목표로 하라는 의미는 아니었다. 대신, 자신의 능력을 개발하고 그것을 충실히 활용하는 것이 중요하다고 생각했다.

직업에는 귀천이 없다. 우리는 공동체의 일원으로서 서로 다른 역할을 맡을 뿐이다. 모든 사람이 의사나 변호사가 된다면 누가 요리를 하고, 누가 지붕을 고치는가? 버스 운전사, 경찰, 은행원, 식료품점의 캐셔도 필요하다. 각자의 재능과 환경에 따라 맡은 역할을 얼마나 충실히 수행하느냐가 그 사람의 됨됨이를 결정해야 한다. 어느 직업이 다른 직업보다 우월하다고 볼 수 없다. 따라서, 자녀 교육에 있어 어른들이나 교육제도가 이 점을 간과하지 않기를 바란다.

'부'에 있어서도 마찬가지다. 돈을 버는 것은 결코 나쁜 일이 아니며, 일부러 가난할 필요도 없다. 그러나 부의 많고 적음이 신분이나 계층을 결정하는 잣대로 사용될 때, 사회의 정신은 피폐해질 수밖에 없다. 물론 기본적인 생활을 유지하기 위해 일정 수준의 소득이 필요하다. 그러나 경제적 여유가 없다고 해서 그것이 계층 사다리의 아래쪽에 위치한 것이라고 보아서는 안 된다.

나는 "개천에서 용 났다"라는 표현을 좋아하지 않는다. '개천'이 미천한 곳이라는 의미라면, 이는 '용'이 된 사람의 집안을 모욕하는 말이기 때문이다.

대학교 합격 통지
2024년 4월 5일

지난 3월 28일 목요일은 올가을 대학에 진학하는 학생들에게 매우 중요한 날이었다. 아이비리그 대학을 비롯해 몇몇 최상위권 대학들이 정시 입학 결정을 발표하는 날이었기 때문이다. 하버드, 예일, 프린스턴 대학을 비롯해 스탠퍼드, 시카고, 노스웨스턴, 듀크 대학 등이 이에 포함되었다.

이미 조기 전형(early decision 또는 early action)을 통해 대학 진학을 확정한 학생들도 있었지만, 그 수는 일부에 불과하다. 많은 학생들은 이미 다른 우수한 대학으로부터 합격 통지를 받았음에도 불구하고, 이날 조금 더 나은 대학에서 연락이 오지 않을까 하는 기대감으로 초조하게 이메일을 확인했다. 이는 학생들뿐만 아니라 부모와 가족 모두에게 긴장되는 순간이었다. 이들 대학의 합격률이 워낙 낮다 보니 결과에 실망하는 경우가 많지만, 그래도 한 곳에서라도 합격 소식을 듣기를 바라는 마음은 마치 복권 당첨을 기다리는 것과 비슷할 것이다.

나 역시 그날을 손꼽아 기다렸다. 내 자녀들은 이미 오래전에 학업을 마쳤지만, 내가 졸업한 대학에 지원한 학생들 중 내가 졸업생 인터뷰어(alumni interviewer)로 면접을 진행했던 학생들의 합격 여부가 궁금했기 때문이다. 매년 내가 인터뷰하는 학생들은 몇 명 되지 않지만, 작년에 이어 올해도 그중 한 명을 적극 추천했다. 인터뷰했던 모든 학생들이 훌륭한 자격을 갖추었고 모두 합격했으면 하는 바람이 있었지만, 합격률이 4%도 되지 않는 현실을 감안해 한 명만 신중하게 선정해 추천한 것이다.

특히 지역 인터뷰어들이 모여 자신이 만난 지원자들 중 추천할 만한 학생을 소개하는 자리에는, 교육위원회 회의 시간과 겹쳤음에도 불구하고 일부러 참석했다. 그리고 "회의 중에도 이렇게 달려왔다"라고 강조하며 해당 학생을 적극 추천했다. 하지만 작년에 이어 올해도 내가 추천한 학생은 끝내 합격하지 못했다. 해당 학생은 물론이었을 거고 나 또한 크게 실망했다.

물론 내가 졸업한 대학의 경우, 졸업생 인터뷰어가 지원자의 성적이나 추천서 내용을 공유받지 못한다. 또한 지원자의 학업 성적에 대해 직접 물어볼 수도 없다. 그렇기 때문에 한 시간 남짓한 인터뷰를 통해 얻은 정보와 대화에서 받은 인상만으로 학생을 평가해야 하므로, 평가가 제한적일 수밖에 없다.

그럼에도 불구하고, 짧은 인터뷰 시간 동안 간절하게 합격을 희망했던 학생들의 모습을 떠올리면 마음이 아프다. 더욱이 입학 사무처 방침상, 불합격한 학생들에게 개별적으로 연락하는 것도 금지되어 있다. 이는 인터뷰어의 위로와 격려가 혹시라도 법적 문제가 될 가능성을 차단하려는 조치일 것이다.

매년 이맘때마다 같은 과정을 반복하면서, 대학 입시를 치르는 학생들의 부모님들께 꼭 전하고 싶은 말이 있다. 원하는 대학에서 합격 통지를 받지 못했을 때, 가장 힘든 사람은 다름 아닌 지원 학생 본인이다. 그리고 어쩌면 합격하지 못한 이유를 가장 잘 아는 사람도 바로 그들일 것이다. 그렇기에 부모나 주변 사람들이 학생들을 더욱 힘들게 하는 일은 없었으면 한다.

특히 "네가 공부를 더 열심히 했더라면", "그때 그 시험 점수가 좋았더라면"과 같은 말들은 아무런 도움이 되지 않는다. 지원 학생들은 이미 자신의 부족했던 점을 잘 알고 있으며, 부모가 지금 와서 지적한다고 해서 결과가 바뀌지도 않는다. 오히려 지금까지 노력한 것에 대해 칭찬해 주고, 조금 부족한 결과가 나왔더라도 대학에 진학한 후 더 나은 기회를 만들 수 있다는 점을 격려해 주길 바란다.

매년 대학 입시 시즌이 찾아오면, 학생과 부모 모두에게 힘든 시기가 될 수밖에 없다. 그러나 불필요한 실망과 후회로 인해 더욱 어려운 시간이 되지 않도록, 서로를 다독이며 이 과정을 잘 마무리했으면 한다.

올해 대학 입시를 치른 모든 학생들과 부모님들, 그리고 그들을 묵묵히 응원해 준 모든 분들께 격려와 축하를 보낸다.

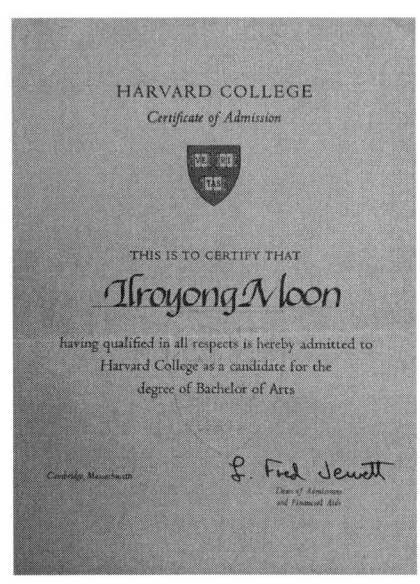

합격통지서 자체는 현재 보관하고 있지 않고, 이 증서만 가지고 있다.
그런데 정성 들여 손으로 쓴 내 이름의 스펠링이 틀렸다. 'Ilryong'으로 썼어야 했다

여기에서도 내 이름에 IL과 RYONG이 떨어져 있다. 내 이름이 어려워 혼선이 자주 있다

Hail Mary
2024년 11월 1일

나는 가끔 'Hail Mary(헤일 메리)'라는 표현을 듣는다. 원래는 가톨릭 신자들이 성모 마리아에게 도움을 구하는 기도에서 유래했지만, 주로 스포츠 경기에서 극적인 승리를 염원하며 쓰인다. 더 나아가, 사업이나 정치, 혹은 개인적인 삶에서도 마지막 안간힘을 다해 시도하는 행동을 의미하기도 한다.

최근 이 표현을 떠올리게 한 두 개의 운동 경기가 있었다. 첫 번째는 지난주 페어팩스 카운티의 웃슨 고등학교 개명식에서였다. 이 학교는 원래 W.T. Woodson이라는 이름을 가졌지만, 이제는 Carter G. Woodson으로 개명되었다. 여전히 '웃슨(Woodson)'이라 불리지만, 전자는 1929년부터 1961년까지 페어팩스 카운티 교육감으로 일하며 인종 통합 정책에 반대했던 인물이고, 후자는 1875년 흑인 노예의 아들로 태어나 20세에 고등학교에 입학해 단 2년 만에 졸업한 후 하버드 대학에서 박사학위를 취득한 흑인 역사학자였다. 그는 후에 하워드 대학에서 문리대 학장직을 맡으며 학문적 업적을 남겼다.

개명식에서 연설을 한 이들 중에는 1962년부터 35년간 웃슨 고등학교 남자 농구팀을 지도했던 코치도 있었다. 그는 연설 중 Tommy

Amaker(아마커) 선수를 언급했다. 아마커는 웃슨 고등학교 졸업 후 듀크 대학에서 활약했으며, 이후 듀크 대학에서 보조 코치를 거쳐 시튼홀과 미시간 대학에서 코치직을 맡았고, 현재는 하버드 대학 농구팀의 코치로 있다.

나는 1983년, 아마커 코치의 고등학교 시절 마지막 경기를 직접 관전한 적이 있다. 당시 웃슨 고등학교와 내가 졸업한 T.C. Williams[10] 고등학교가 노던 버지니아 지역 결승전에서 맞붙었다. 경기 종료 4초 전, T.C.가 득점하며 2점 차로 앞서고 있었다. 그때 아마커가 공을 잡고 웃슨 진영에서 빠르게 드리블한 뒤 코트 중간에서 슛을 던졌다. 그야말로 헤일 메리 슈팅이었다. 공은 골대 안으로 들어갔지만, 심판의 판정에 따르면 공이 그의 손을 떠나기 직전 경기 시간이 종료되었다고 한다. 결국, 헤일 메리 슈팅은 실패로 간주되었고, T.C. 팀을 응원하던 나는 가슴을 쓸어내렸다.

또 다른 헤일 메리 경기는 지난 일요일, 워싱턴 팀과 시카고 팀의 프로 풋볼 경기에서 펼쳐졌다. 워싱턴 팀을 응원하던 나는 긴장 속에서 경기를 지켜보았다. 셋째 쿼터가 끝날 때까지 워싱턴 팀은 경기의 주도권을 쥐고 있었지만, 터치다운 없이 필드골만 네 번 성공한 상태였다. 상대 팀의 엔드존까지 여러 차례 접근했지만, 결정적인 마무리가 부족했다.

내 우려는 셋째 쿼터가 끝날 무렵 현실이 되었다. 시카고 팀이 43초

---

10) T.C. Williams 고등학교의 이름도 2021년에 Alexandria City High School로 변경되었다. T.C. Williams는 학교가 위치한 알렉산드리아시에서 교육감으로 오랫동안 있었는데 흑백인종통합에 반대했었다.

를 남기고 터치다운을 기록하며 12대 7로 따라붙었다. 이어 경기 종료 25초 전, 또 한 번 터치다운을 성공시키며 2점 추가 득점까지 더해 15대 12로 역전했다. 이제 워싱턴 팀은 마지막 공격 기회를 얻었지만, 최소한 필드골을 성공시켜야 동점을 만들 수 있었다. 그러나 단 2초를 남긴 상황에서 공격 지점은 워싱턴 팀 진영 48야드 선. 필드골을 차기엔 너무 먼 거리였다.

남은 선택지는 단 하나, 긴 패스뿐이었다. 리시버들이 엔드존까지 도달할 시간을 벌기 위해 쿼터백은 수비를 피해 움직이며 시간을 끌었고, 약 35야드 지점에서 공을 던졌다. 공은 엔드존 앞에서 워싱턴 팀과 시카고 팀 선수들의 손끝을 스쳤고, 튕겨 나온 공을 엔드존에 있던 워싱턴 선수가 잡아냈다. 터치다운! 워싱턴 팀은 18대 15로 극적인 역전에 성공했다.

이 장면에서 중요한 것은 헤일 메리 패스가 단순한 기적을 기대한 시도가 아니라는 점이다. 이러한 상황을 대비해 팀은 수많은 연습을 해 왔다고 한다. 성공 확률은 낮았지만, 단순히 운에 의지한 것이 아니라 철저한 준비가 있었기에 가능했던 순간이었다.

이 두 경기 모두 헤일 메리란 운에만 기대는 것이 아니라 철저한 연습과 대비가 있어야만 시도할 수 있음을 보여 준다. 성공 확률이 높지는 않지만, 준비되지 않으면 그마저도 불가능하다. 공짜는 없다. 운동 경기에서도, 그리고 삶에서도 노력은 필수다.

한국어 공부

2018년 4월 27일

며칠 전, 사무실을 방문한 손님에게 재미있는 이야기를 들었다.

"어머님, 저 지금 가시겠습니다!"

둘째 며느리가 자리에서 일어나며 이렇게 인사했다는 것이다. 그 순간 시어머니를 비롯해 주변에 있던 모든 사람들이 박장대소를 했고, 며느리는 어리둥절해했다.

이 손님에게는 결혼한 아들이 둘 있는데, 며느리들이 한국어를 사용하려고 열심히 노력하는 모습이 기특하다고 했다.

큰며느리는 한 살 반 때 미국에 이민을 왔고, 둘째 며느리는 미국에서 태어났다. 그럼에도 불구하고 두 사람 모두 한국어를 배우려는 의지가 강하다. 철자법을 다소 틀리거나 경어 사용에 실수가 있긴 하지만, 의사소통에는 큰 문제가 없다고 했다.

카카오톡으로도 자주 메시지를 주고받는데, 며느리들이 한글로 보낸 메시지를 이해하는 데 전혀 어려움이 없을 정도라고 했다.

"전화"를 "전아", "즐겁게"를 "질겁게"라고 쓰는 정도의 귀여운 실수는 있지만, 의미 전달에는 아무런 지장이 없었다.

지난주, 나는 페어팩스 카운티에서 유일하게 Two-Way Korean Immersion 프로그램이 운영되는 Colin Powell 초등학교를 방문했다. 이 프로그램은 2012년 킨더가든 학년 과정부터 시작하여 매년 한 학년씩 확대되었으며, 현재 5학년까지 운영 중이며, 내년에는 6학년까지 확장될 예정이다.

Colin Powell 초등학교 방문은 프로그램 초기 몇 차례 방문한 이후 오랜만이었다. 이 프로그램에 참여하는 학생들은 매일 한국어와 영어를 절반씩 사용하며 수업을 진행한다. 특히, 한국어 수업 시간에 단순히 한국어만 배우는 것이 아니라 한국어를 통해 정규 교과 내용을 학습한다는 점이 인상적이었다.

예를 들어, 4학년 과학 수업에서는 학생들이 전도체, 부도체, 전자핵, 양전자, 음전자 등의 개념을 한국어와 영어를 함께 배우고 있었다. 이 프로그램을 통해 6학년까지 지속적으로 학습한다면, 학생들의 한국어 실력은 상당한 수준에 이를 것이라는 생각이 들었다.

프로그램에 참여하는 학생들의 대부분은 한인계 학생들로 보였다. 그러나 그 가운데 비(非)한인계 학생들도 있었다. 한인 학생들보다 상대적으로 한국어 실력이 부족할 수도 있음에도 불구하고 이 학생들이 한국어의 중요성을 인식하고 적극적으로 참여하는 모습이 인상적이었다. 전 세계에서 11번째 경제 대국으로 성장한 대한민국의 국제적 위상과 역할을 고려할 때, 그리고 앞으로 남북이 평화적으로 통일되거나 항구적인 평화 공존 체제가 정착될 가능성을 생각하면, 한국어를 배우는 것은 더욱 중요한 의미를 갖게 될 것이다.

따라서, 더 많은 학생들이 한국어에 관심을 갖고 이 프로그램에 참여하기를 바란다. 이 프로그램은 단지 Colin Powell 초등학교에 거주하는 학생들만을 위한 것이 아니다. 해당 지역 외 거주 학생들도 지원 가능하다. (단, 모집 인원 제한이 있을 수 있음)[11]

페어팩스 카운티 내의 중고등학교 학생들에게도 한국어를 공부할 수 있는 기회가 여러 학교에 있다. 레이크 브래덕 중고등학교와 리버티 중학교 그리고 센터빌 고등학교에서이다. 또한 페어팩스 고등학교의 아카데미에는 카운티 내의 모든 고등학생들에게 한국어 수업이 개방되어 있다. 물론 페어팩스 아카데미까지 각 학교에서 통학버스를 타거나 학생들 자신의 차로 운전하고 와야 한다. 그리고 8학년 이상의 모든 학생들에게 온라인 수업 기회도 제공되고 있다. 온라인 수업 스케줄은 학생들의 편의에 맞게 융통적으로 운영되고 있고, 학교 정규 수업의 일부로 온라인 수업에 등록하는 경우엔 아무런 비용이 들지 않는다.

페어팩스 카운티의 이 모든 한국어 수업 프로그램들이 매년 꾸준한 성장을 보이고 있다. 한국어 수업에 특별한 관심을 갖고 있는 나에게는 참

---

11) 페어팩스 카운티 교육청은 Korean Immersion Program을 2026년 가을부터 다른 한 초등학교에도 도입해 보려고 현재 준비 중이다.

고무적인 현상이다. 내년에도 많은 학생들의 수강 신청을 기대한다. 그리고 매년 한국 정부가 페어팩스 카운티 학교들의 한국어 프로그램에 그랜트 제공 등을 통해 후원을 아끼지 않음에 감사한다. 한국 정부의 도움 없이 교육청 자체의 재정만 가지고서는 프로그램 성장이 쉽지 않다. 그래서 아울러 이러한 후원을 한국 정부뿐 아니라 이곳의 한인 동포 사회로부터도 기대해 본다. 결국 이러한 프로그램을 통해 직접적인 혜택을 보는 것은 이곳에 살고 있는 우리들과 우리들의 자녀들이기 때문이다.

백투스쿨 나이트
2015년 10월 2일

백투스쿨 나이트(Back to School Night)는 학년 초에 학부모들이 학교 선생님들과 만나고 학부모회 임원들로부터 활동 보고도 받는 행사이다. 나에게는 카운티 여러 지역의 학교들을 방문하는 기회가 된다. 학교마다 행사를 치르는 방식이 조금씩 다르지만, 각 학교의 특성을 다시 한 번 느끼게 된다.

그런데 지난주 한 학교에서의 백투스쿨 나이트는 내가 교육위원으로서 좀 더 심혈을 기울여야 할 부분이 있음을 다시 한번 일깨워 주었다. 일반적으로 백투스쿨 나이트는 학부모들이 가장 많이 참석하는 행사이다. 그래서 학교 주차장은 물론 인근 도로까지 학부모들의 차량으로 가득 차는 모습을 쉽게 볼 수 있다. 나는 교육위원으로서 학교 측의 배려로 주차 공간을 미리 확보하지만, 주차 문제로 어려움을 겪는 학부모들이 많다.

행사 시작 10분 전쯤 학교에 도착했는데 예상과 달리 주차장이 여유로워 보였다. 별다른 생각 없이 주차를 한 후 학부모들이 모이는 카페테리아로 들어갔다. 그런데 그곳에도 학부모들이 많지 않았다. 교장은 학부모들이 보통 조금 늦게 도착한다고 설명했다. 기다리는 동안 학교의 학부모 연락관들과 이야기를 나누었는데, 이 학교는 학생의 약 70%가 히스패닉, 15%가 아시아계이며, 전체 가구의 75%가 경제적으로 어려운 상황이라는 설명을 들었다. 많은 학부모가 늦게까지 일하고 차가 없는 가정도 많다는 사실을 듣고, 이러한 특성을 미처 고려하지 않고 방문한 나 자신이 부끄러워졌다.

교장이 나를 학부모들에게 정식으로 소개하고, 내가 인사말을 할 시간이 되었다. 평소 같았으면 우리 집 큰아이의 초등학교 3학년 일기장에 적힌 어떤 글을 학부모들에게 공감 어린 이야기라고 생각해 전했을 것이다. 그 일기에는 아이가 보이스카우트 캠프에서 돌아온 후, 부모님이 쉬라고 하면서도 잔소리를 계속해서 도무지 쉴 수 없었다는 내용이 적혀 있었다. 나는 아이가 대학에 간 후에서야 이 글을 보았고, 당시에는 나만한 아버지가 없다고 자부했지만, 돌이켜 보니 내가 몰랐던 부분이 많았음을 깨달았다고 이야기했을 것이다. 그리고 부모들에게 자녀가 가까이 있을 때 더 많은 대화를 나누고 좋은 시간을 보내라고 당부했을 것이다.

그러나 그 학교에서는 이러한 인사말을 할 수 없었다. 보이스카우트 캠프는 그들에게 먼 나라의 이야기처럼 들릴 것이고, 대부분의 가정이 자녀를 그런 프로그램에 보낼 경제적 여유가 없을 가능성이 높았다. 또한, 부모들에게 아이들과 더 많은 시간을 보내고 운동 시합에 가서 응원하며 학교에서 자원봉사를 하라는 말을 할 수도 없었다. 그 학부모들은 생계를 위해 하루 종일 일해야 하는 상황일지도 모른다는 생각이 들었기 때문이다.

그래서 대신 내가 40년 전, 한국에서 가난하게 살다가 이민을 왔던 경험을 이야기했다. 돌아가신 어머니께서 학교와 호텔 청소부로 두 개의 풀타임 직장을 다니면서 주말마다 가정집 청소까지 하며 세 자녀를 키우고 대학 공부까지 시켰다는 이야기를 전했다. 그 자리의 학부모들도 내 어머니처럼 열심히 일해야 할지도 모르지만, 미국에서는 누구나 노력하면 성공할 기회가 있다는 점을 강조하며, 열심히 일하고 자녀 교육에 최선을 다해 달라고 격려했다.

페어팩스 카운티는 미국에서 가장 부유한 지역 중 하나이지만, 공립학교 학생 가정의 약 30%가 빈곤층으로 간주된다.[12] 따라서 이 학생들은 중산층 가정의 학생들보다 학교 밖에서 다양한 교육적 경험을 접할 기회가 상대적으로 부족할 것이다. 백투스쿨 나이트를 순회하며, 이러한 격차를 줄이기 위한 정책적 배려가 더욱 필요하다는 것을 다시 한번 절실히 느꼈다.

---

12) 페어팩스 카운티에서 2024년에 4인 가정의 중간 소득은 15만 5천 달러 정도였다. 이는 미국의 모든 카운티 중 5위에 속하는 소득이다. 그럼에도 불구하고 공립학교 학생들 가정 가운데 빈곤층이 2025년 통계로 35%가량 된다.

교장직
2017년 11월 17일

학교 교육에서 교장만큼 중요한 역할도 없다. 학생들을 직접 가르치는 교사가 물론 중요하지만, 교장이 교사들을 이끌고 지원하는 역할을 하기 때문이다.

페어팩스 카운티를 방문하는 한국의 교육 관계자들이 종종 놀라는 것 중 하나는 이곳 교장들 중 예상보다 젊은 사람이 많다는 점이다. 실제로 이 지역에서는 30대 교장도 흔하다.

나는 이에 대해 이렇게 설명한다. 오랜 경험과 연륜은 물론 가치가 크다. 그러나 한국의 교장들은 정년으로 인해 그러한 경험과 연륜을 충분히 활용할 시간이 많지 않다. 이는 교육 자원의 낭비이기도 하다. 또한, 경험과 연륜에 지나치게 의존하면 새로운 아이디어를 창출하거나 변화에 적응하는 데 소극적이거나 부담을 느낄 수도 있다. 그래서 나는 젊은 교사들 중 교육 행정에 대한 잠재력이 보이는 인재를 조기에 발굴해 훈련하는 것이 바람직하다고 생각한다.

물론 모든 교장을 30대에서 선발해야 한다는 뜻은 아니다. 이곳에서도 대체로 교사들은 은퇴 연금 제도에 따라 60세쯤 은퇴한다. 따라서 교장들의 연령대가 30대부터 50대까지 고르게 분포되는 것이 이상적이다. 그래야 교장들끼리 의견을 교환할 때도 보다 다양한 관점을 반영할 수 있다.

30대에 교장이 된 사람들을 보면 대개 평교사로 몇 년간 근무하다가 일찍부터 교감직에 관심을 두고 준비한 경우가 많다. 이곳에서는 교감이 되기 위해 반드시 채워야 하는 특정 교직 경력이 없다. 따라서 교사 생활을 시작한 지 몇 년 만에도 지원할 수 있다. 예를 들어, 22세에 대학을 졸업하고 교사 생활을 시작했다고 가정하자. 2년 정도 교사로 근무한 후, 저녁과 방학을 이용해 교육 행정 석사 과정을 이수하면 행정직 지원 자격을 갖출 수 있다. 열심히 하면 2~3년 내로 석사 과정을 마칠 수 있다. 그 과정에서 학교 내 지도력 개발 프로젝트에 적극 참여한다면 교감이나 교장직에 도전할 때 이력서 작성이나 면접에서 유리하게 작용할 수 있다. 때로는 학교 교장이 교사의 잠재력을 알아보고 이러한 기회를 권장하기도 한다.

물론 교감직에 도전한다고 해서 모두가 한 번에 합격하는 것은 아니다. 특히 면접은 여러 차례 경험해 보아야 감을 익힐 수 있다. 따라서 교감직에 지원할 때는 여러 번 도전할 각오를 해야 한다. 만약 교사 생활 5년 차부터 교감직에 도전해 3년 후에 임용된다면, 겨우 30세에 교감이 되는 셈이다.

일단 교감이 되면 한 학교에서 오래 머무르기보다는 2~3개의 다른 학교에서 다양한 경험을 쌓는 것이 중요하다. 부유한 지역의 학교에서 근무했다면 다음 학교는 저소득층 학생이 많은 곳으로 가 보는 것이 좋다. 또한, 소수 인종 학생이 거의 없는 환경에서 일했다면 다음 근무지는 다양한 인종이 섞여 있는 학교를 고려해 볼 만하다. 이렇게 2~3개 학교에서 5~6년 정도 근무하면서 교장직 공석이 생길 때 도전할 수 있다.

교장직에 도전하는 과정도 수년에 걸쳐 이루어질 수 있다. 따라서 서류 심사나 면접에서 한두 번 탈락한다고 실망할 필요는 없다. 오히려 면접을 경험하며 노하우를 터득하는 기회로 삼을 수 있다. 이러한 과정을 거치면 교감직을 시작한 후 빠르면 5년 차부터 교장이 될 수도 있다. 때로는 그보다도 빠르게 승진하는 경우도 있다. 이렇게 본다면 30대에 교장이 되는 것도 충분히 가능한 일이다.

물론 모든 사람이 교장이 될 수 있는 것은 아니다. 그러나 교장직 자리는 자주 생기지 않으며, 더 뛰어난 지원자가 있다면 기회가 돌아오지 않을 수도 있다. 그래서 교육행정직에 관심이 있는 교사라면 두려워하지 말고 일찍부터 도전해 보기를 권하고 싶다. 특히 한인 교사들은 더욱 그렇다. 교사 중에서도 아시아계가 절대적으로 부족한데, 교감이나 교장과 같은 고위 교육행정직에서는 그 부족함이 더욱 두드러진다. 물론 모든 교사가 교감이나 교장이 될 필요는 없다. 하지만 관심이 있다면 주저하지 말고 도전해 보기를 바란다.

교육감의 세배 받기
2024년 2월 23일

지난 음력 설날, 페어팩스 카운티 교육감을 한 토요 한국학교로 안내했다. 원래 학교 측에서는 나에게만 학생들 수업을 참관하고 세배도 받을 의향이 있는지 문의했었다. 그런데 방문 하루 전, 교육감과의 정기 회동에서 혹시 함께 가겠느냐고 제안했더니, 그는 주저 없이 수락했다. 사실 그날은 오전 10시 30분부터 교육위원들과 종일 회의가 예정되어 있어 부담스러울 수도 있었겠지만, 그는 이를 마다하지 않았다.

사실 나는 음력 설날이 아니더라도 언젠가 그 한국학교를 방문할 계획이었다. 이 학교는 공립학교의 교실을 빌려 토요일마다 수업을 진행하는데, 몇 가지 문제로 공립학교 측과 마찰이 있었기 때문이다. 다행히 학교 측에서 도움을 요청했을 때 내가 가교 역할을 하며 양측이 조금씩 양보해 원만한 해결책을 찾을 수 있었다.

한인 커뮤니티 관련 사안에서 내가 적극적으로 나서는 것은 자연스러우면서도, 때로는 조심스러울 때가 있다. 카운티 전 주민을 대표하는 광역 교육위원으로서 한인 사회의 입장만을 대변한다는 인상을 줄 수 없기 때문이다. 그래서 나는 대화를 주선하되, 강압적으로 보이지 않도록 신중을 기한다.

이번 한국학교와 공립학교 간의 마찰도 교육감에게 직접 이야기한 적이 있었다. 아마도 그 역시 이 학교를 방문하고 싶다는 생각을 하고 있었을 것이다. 특히, 워싱턴 지역에 상당수의 토요 한국학교가 있다는 점을 내가 여러 차례 강조했고, 한국학교와 공립학교 간의 정보 교류와 협력 필요성을 지속적으로 언급해 왔기 때문이다.

비록 이번 방문은 1시간 정도의 짧은 일정이었지만, 학생 수만 280명에 교사와 보조 교사가 각각 20명에 달하는 규모를 보고 교육감도 놀란 듯했다. 무엇보다도, 한국 문화를 직접 체험할 수 있어 그에게도 의미 있는 시간이었다고 생각한다.

페어팩스 카운티에 부임하기 전, 교육감은 워싱턴주 시애틀 외곽 지역에서 근무했다. 그는 백인 여성으로서 한국 문화에 대한 경험이 많지 않았는데, 이번이 생애 첫 세배 경험이었다. 나는 한국에서 어른을 공경하는 것이 중요한 가치이며, 세배는 한 해의 시작과 함께 이를 표현하는 전통 예절이라고 설명했다. 또한, 세배가 단지 가족 간에만 이루어지는 것이 아니라, 학생들이 선생님 댁을 찾아가 예를 갖추기도 한다는 점을 알려주었다. 학생들에게 선생님이 그만큼 존경의 대상이라는 의미라고 덧붙이자, 교육감도 깊이 공감하는 듯했다.

세배는 복도에 자리를 마련해 앉은 상태로 받았다. 나는 양반다리에 익숙하지만, 교육감에게는 바닥에 앉는 자세가 다소 불편할 수밖에 없었다. 학생 한 그룹이 세배를 마치고 떠나면, 다음 그룹이 들어오기 전에 잠깐씩 다리를 쭉 펴는 모습을 보였다. 이러한 불편함은 내가 대신 해결해 줄 수 없는 부분이었고, 문화 체험에서 발생할 수 있는 자연스러운 과정이라고 생각했다.

이날 교육감은 또 다른 한국의 전통문화를 접했다. 바로 세뱃돈과 덕담이었다. 나는 미리 준비해 간 세뱃돈 봉투를 교육감에게 일부 건네, 학생들에게 직접 나눠 주도록 했다. 세배를 받은 후, 어른들이 새해 덕담을 전하는 것이 우리 문화의 일부라고 설명하자, 교육감은 이를 매우 좋은 전통이라고 여기며 학생들에게 따뜻한 한마디를 건넸다.

방문이 끝난 후, 교육감은 자신이 사용한 세뱃돈에 대해 미안했던지 나중에 갚겠다고 말했다. 나는 그럴 필요 없다고 답하며, 세뱃돈에 얽힌 개인적인 사연을 들려주었다.

"약 2년 전, 토마스 제퍼슨 과학고등학교의 체육관을 내 이름으로 명명하는 축하식이 열렸다. 그때 지역 한인 동포 사회의 한 어르신께서 복주머니를 하나 건네주셨는데, 그 안에는 신권 2달러짜리 지폐 50장이 들어 있었다. 이미 여러 해 전에 은퇴하셔서 수입도 없는 분이었고, 연세도 내 부모님 또래이셨다. 그분의 따뜻한 마음이 너무나 감사했고, 나는 그 돈을 아껴 쓰지 않고 복주머니에 그대로 보관해 두고 있었다. 그런데 이번에 그 복주머니를 열어, 그 어르신이 내게 주고자 했던 복을 어린 학생들에게 나눠 줄 수 있어 더욱 뜻깊었다."

이런 내 설명을 듣는 교육감의 얼굴에 무언가 가슴으로 느끼는 게 있음이 드러났다. 여러모로 보람된 음력 설날 아침이었다.

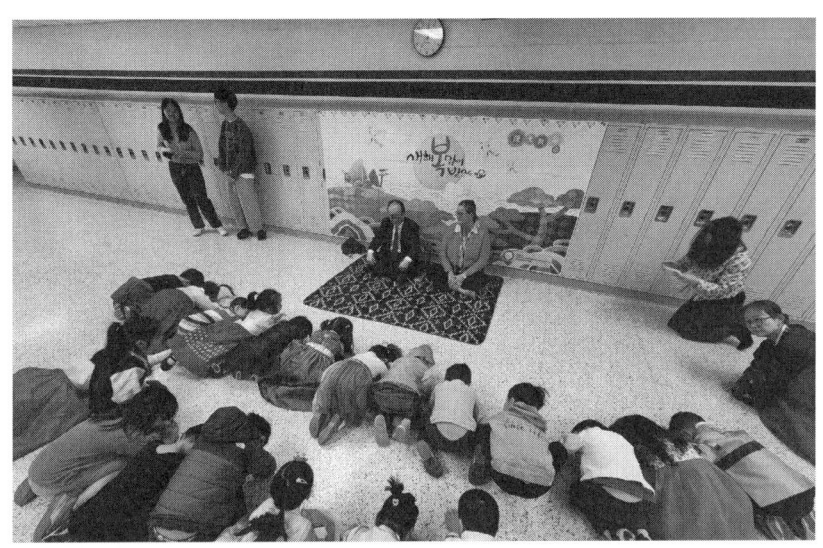

단체 세배. 오른쪽에 선생님 한 분이 아이들에게 세배하는 법을 가르치고 있다

뒷줄 맨 왼쪽은 당시 이 학교의 교장이었던 한연성 씨

나에게 가장 자유로웠던 시간
2012년 7월 27일

지금까지 살아오면서 가장 마음 편하게 지냈던 시절을 꼽으라면, 단연코 대학교 시절 1년간 휴학하고 대만에서 중국어를 공부하던 기간이다. 당시 나는 동아시아학을 전공하며 중국에 초점을 맞춰 공부하고 있었다. 대학 졸업 후에는 외교학을 전공해 외교관이 되는 길을 고민했고, 나아가 고국으로 돌아가 국제관계 분야에서 기여할 수 있는 방법을 모색하기도 했다.

그러나 중국을 연구하면서 중국어를 더 깊이 배울 필요성을 느꼈다. 문제는 당시가 1970년대 말로, 미국과 중국이 아직 국교를 정상화하기 전이어서 중국 본토로 갈 수 없었다는 점이었다. 그 대신 홍콩이나 대만이 현실적인 선택지가 되었고, 나는 대만행을 결정했다.

미국 대학에는 흔히 "Junior Year Abroad"라는 프로그램이 있다. 보통 2학년을 마친 후 3학년 과정을 해외 대학에서 공부하는 방식이다. 학점을 취득하며, 이에 상응하는 학비도 지불해야 한다. 하지만 나의 경우는 이런 정식 교환학생 프로그램이 아니었다. 나는 단순히 1년 동안 휴학을 하고 중국어를 배우기 위해 대만으로 떠났다. 학점 취득이나 성적에 대한 부담이 전혀 없었다.

돌이켜 보면, 학업적인 목표가 있었다면 좀 더 공부에 집중했을지도 모르겠다. 그러나 당시 나에게는 어떠한 압박감도 없이 오롯이 내 마음이 가는 대로 시간을 보낼 수 있었던 기회가 무엇과도 바꿀 수 없는 소중한 경험이었다. 전혀 아는 사람이 없는 곳에서 새로운 사람들과 교류하고, 낯선 문화를 접하며 배우는 시간은 특별했다. 동양 문화권이라 한국과 비슷한 점도 많았지만, 동시에 다른 점도 무수히 많다는 것을 몸소 체험할 수 있었다.

그곳에서 나는 영어를 가르치며 생활비를 벌어 보기도 했고, 또래의 젊은이들과 어울리며 새로운 관계를 형성하기도 했다. 아파트에서 방 하나를 빌려 세 들어 살면서 주인집 식구들과 사전을 뒤적이며 손짓, 발짓으로 대화를 나누던 기억도 생생하다. 손빨래를 하면서 불편함을 느끼기도 했고, 좋아하는 만두를 비롯한 다양한 대만 음식을 맛보며 새로운 미각을 경험하기도 했다.

물갈이로 배탈이 나 고생한 적도 있었고, 피부병을 앓아 본 경험도 있다. 하지만 이러한 불편함도 결국 내게는 배움의 과정이자 성장의 시간이었다. 또한, 현지의 한국 교민 사회를 들여다볼 기회가 있었고, 대만의 정치, 사회, 교육 제도를 몸으로 체험하며 배울 수 있는 값진 시간이었다.

이러한 경험이 있었기에, 나는 자녀들에게도 1년 정도 외국에서 시간을 보내 볼 것을 제안해 왔다. 큰아이는 이미 대학을 졸업하고 직장 생활을 시작한 지 2년째여서, 지금 당장은 어려울지도 모르겠다. 작은아이는 가을이면 대학 4학년이 되고 대학원 진학을 준비하느라 휴학할 상황이 아닐 수도 있다. 하지만 나는 여전히 두 아이에게 이러한 기회를 적극적으로 만들어 보라고 권유하고 있다.

큰아이가 대학원에 진학하기 직전, 일정 기간 쉬어 보는 것이 어떻겠느냐고 제안해 본다. 작은아이 역시 대학원 합격 후 입학을 1년 정도 늦출 수 있다면, 그 시간을 활용해 보는 것도 좋은 선택지가 될 수 있다고 조언한다.[13]

사실, 대학 때 1년 정도 외국에서 공부하는 경험과 비슷한 개념으로, 대학 입학 전에 1년을 쉬는 "갭 이어(Gap Year)"라는 제도가 있다. 대부분의 미국 대학은 이를 허용하며, 이를 통해 학생들은 대학 입학 전 색다른 경험을 쌓고, 미래에 대한 깊은 고민을 해 볼 기회를 갖게 된다.

내가 아는 한 여학생은 하버드 대학교에서 합격 통보를 받았지만, 진학을 1년 보류하기로 했다. 물론, 대학교 측의 사전 승인을 받아야 했지만, 그녀는 콜로라도주의 스키장 근처에서 웨이트리스로 일하며, 틈틈이 스키를 마음껏 즐기는 시간을 보냈다.

단순히 쉬는 것이 아니라, 평소 학교 공부 때문에 읽지 못했던 책을 마음껏 읽고, 음악을 들으며 자신을 돌아보는 시간을 가졌다. 그리고 1년 후, 그녀는 더 성숙해진 모습으로 대학에 입학했고, 그 1년이 결코 낭비가 아니라 더 큰 발전을 위한 준비시간이었음을 깨달았다.

---

[13] 사실 나의 두 애들은 모두 미국에서 태어났다. 그런데 큰애는 대학교 졸업 후 첫 직장에서 3년간 일하다 다른 직장으로 옮길 때 몇 달간 인도에서, 그리고 둘째는 대학원 박사 과정 중 한 학기를 프랑스에서 살며 스위스에 위치한 CERN 연구소에서 연구했던 경험이 있으니 두 애 모두 외국에서 살아 본 셈이다.

이처럼, 한 박자 쉬어 가는 시간이 단순한 공백이 아니라, 미래를 위한 도약의 기회가 될 수 있음을 우리는 기억해야 한다. 요즘처럼 바쁘게 살아가다 보면, 30여 년 전 대학 시절, 아무런 걱정 없이 1년을 보냈던 그 시간이 문득 그리워진다.

하고 싶은 것을 마음껏 해 보고,
새로운 문화를 경험하고,
배움 자체를 즐길 수 있었던 그 시절.

지금도 기회가 된다면, 그때처럼 다시 한번 자유로운 시간을 보내 보고 싶다.

어쩌면, 그 꿈을 다시 이루는 날이 올지도 모르겠다.

내가 중국어를 공부한 Mandarin Training Center(國語中心)는
국립대만사범대학 부설기관이었다

우육면. 내가 점심으로 자주 먹던 국수이다. 아침에는 유조(油條)와 두장(豆漿)을 주로 먹었다

물만두. 한자리에서 30개 이상도 저녁 식사로 종종 먹었다

인공지능 사용
2023년 6월 9일

이번 주 월요일, 워싱턴 포스트에 최근 화제가 되고 있는 챗GPT(Chat GPT) 관련 기사가 실렸다. 불과 작년 11월에 등장한 이 인공지능 프로그램이 벌써 사람이 하던 일을 대신하고 있다는 내용이었다. 흥미롭게도, 기사를 읽기 바로 전, 나는 챗GPT에 대해 인공지능 관련 업무를 하는 둘째 아들과 교회에서 가르치는 학생들과 대화를 나눈 참이었다.

내가 인공지능에 처음 관심을 갖게 된 것은 2016년, 세계 최고의 프로 바둑 기사였던 이세돌과 인공지능 알파고(AlphaGo)의 5연전이 펼쳐졌을 때였다. 당시만 해도 인공지능은 개발 초기 단계였고, 대다수 사람들은 이세돌이 승리할 것이라고 예상했다. 그러나 결과는 뜻밖에도 알파고의 4승 1패. 인간이 인공지능에게 패배한 역사적인 순간이었다.

그다음 해, 알파고는 당시 세계 1위 기사였던 중국의 커제에게도 3전 전승을 거둔 뒤 바둑에서 '은퇴'했다. 인공지능의 위력을 입증하는 데 목적을 두었기 때문이다. 이후 바둑에서의 인공지능은 더욱 발전하여, 현재 세계 1위인 신진서 기사와 최고 수준의 인공지능 간의 실력 차이는 두 점에서 세 점 정도라고 한다. 이는 급수로 보면 2~3급 차이에 해당한다. 이제는 프로 기사들뿐만 아니라 많은 바둑 팬들이 인공지능을 활용해 바둑을 공부하고 있으며, 더 이상 인간과 인공지능의 대결은 의미가 없어졌다. 대신, 인간이 만든 인공지능을 통해 인간의 발전을 도모하는 방향으로 변화하고 있는 것이다.

챗GPT는 단순한 질문부터 긴 설명이 필요한 정보 전달형 답변, 창의적 아이디어 생성, 문장 완성, 번역 등의 기능을 수행할 수 있다. 그러나 학생들의 사용을 두고는 논란이 많다. 숙제, 에세이, 논문 작성에 챗GPT를 사용하는 것이 과연 적절한가에 대해 다양한 의견이 존재하기 때문이다.

현재 교육위원직 복귀를 준비 중인 나에게도 이는 중요한 이슈였다. 그래서 이 글을 쓰기 전, 처음으로 챗GPT를 직접 사용해 보았다.

먼저 챗GPT 사용의 문제점에 대한 글을 요청해 보았다. 그러자 몇 초 만에 자연스럽게 글을 작성했다. 흥미로워서 다시 한번 요청해 보았더니, 약간 다른 형식으로 또 다른 글을 생성했다. 그 글에서는 10가지 문제점을 지적했는데, 불공평한 이점, 개인적 발전 저해, 표절 위험, 사실 확인 부족, 학습 성취도 감소, 학생과 교사의 관계 훼손 등이 포함되어 있었다.

다음으로, 성경의 '빛과 소금의 비유' 말씀을 한인 동포 사회에 적용한 설교문을 500 단어 이내로 작성해 보라고 했다. 역시 몇 초 만에 결과물이 나왔다. 이민국에 제출할 편지, 장학금 수여식에서 학생들에게 전할 짧은 인사말도 영어와 한국어로 즉석에서 작성되었다. 심지어, 지난번 내가 쓴 칼럼을 영어로 번역하라고 하니 30초도 채 걸리지 않았다.

이러한 챗GPT의 기능을 보면서, 어떤 제한을 두어야 하는지, 아니면 학생들과 교사들이 적극적으로 활용할 수 있도록 유도해야 하는지에 대한 고민이 깊어졌다. 그리고 이러한 논의를 더 이상 미룰 수 없다는 생각이 들었다.

챗GPT를 사용하면서, 내가 1970년대 중반, 미국에 이민 와 고등학교를 다니면서 겪었던 충격이 떠올랐다.

한국에서는 암산이나 종이에 직접 숫자를 적어 계산하는 것이 당연했다. 그런데 미국에서는 수업과 시험 중에도 계산기 사용이 허용되었다! 더 놀라웠던 것은 화학 시험 중에도 원소주기율표가 교실 벽에 걸려 있었다는 점이었다. 심지어 복잡한 물리·화학 공식도 외울 필요 없이 제공되었고, 학생들은 단순 암기가 아닌 공식을 어떻게 적용하는지를 배우는 데 집중했다. 처음에는 이해할 수 없었지만, 결국 그 방식이 더 효과적임을 깨달았다.

"상대를 이길 수 없다면, 함께하라"라는 말이 있다. 우리는 인공지능의 발전을 막을 수 없는 시대에 살고 있다. 그렇다면, 챗GPT와 같은 인공지능을 어떻게 활용해야 할까? 단순히 학생들이 인공지능을 무분별하게 사용하지 못하도록 막는 것이 최선의 해결책은 아닐 것이다. 대신, 인공지능을 통해 학생들이 더 효과적으로 학습하고, 창의성을 키우며, 비판적 사고를 기를 수 있도록 돕는 방향으로 접근해야 한다.

이를 위해서는 빠르게 변화하는 인공지능 환경에 적응하는 능력을 키우는 것이 필수적이다. 과거 내가 계산기 사용에 적응해야 했던 것처럼, 이제는 챗GPT와 같은 기술을 어떻게 교육에 접목할 것인가에 대한 고민이 필요하다.

인공지능 시대를 맞아, 우리는 단순히 기술을 받아들이는 것이 아니라 어떻게 하면 인간의 능력을 극대화할 수 있을지를 고민해야 할 때다.[14]

---

14) 이 글을 챗GPT에게 다듬어 달라고 부탁해 보았다. 그리고 아래의 대화를 나누었다.

나: 챗GPT에게 챗GPT 관련 글을 에디팅 부탁하니 우습네요.
챗GPT: 그러게요! 챗GPT에게 챗GPT 관련 글을 다듬어 달라고 하니 일종의 "셀프 검열" 같은 느낌도 들죠.
나: 하지만 이것도 결국 인공지능이 우리의 작업을 돕는 도구로 활용될 수 있다는 한 가지 사례가 아닐까요? 처음에는 계산기 사용이 낯설었지만, 이제는 필수 도구가 된 것처럼요.
챗GPT: 그래도 중요한 것은 비판적 사고를 가지고 챗GPT를 활용하는 것이겠죠. 무조건 맹신하기보다, 결과물을 점검하고 다듬는 과정이 필요하듯이요. 오늘처럼요!

교육감의 정치성
2014년 1월 17일

최근 한국 언론 보도에 따르면, 여당에서 현행 교육감 선출 제도를 개편하는 방안을 논의하고 있다고 한다. 한국의 교육감 선출 방식은 1948년 정부 수립 이후 대통령 임명제로 시작해, 1991년 지방자치 도입과 함께 간선제로 바뀌었고, 2007년부터는 직선제로 운영되고 있다. 그러나 직선제가 여러 문제점을 안고 있다는 지적이 나오고 있다.

우선, 과도한 선거 비용이 문제로 지적된다. 이로 인해 훌륭한 자질을 갖춘 후보라 해도 선거 비용의 벽에 막혀 출마 자체가 어려운 경우가 많고, 선거 자금 조달 과정에서 부조리와 부패가 뒤따른다는 우려가 크다. 실제로, 직선제 도입 이후 여러 교육감 후보들이 선거 자금 문제나 뇌물 수수, 부당한 인사와 관련된 혐의로 재판을 받거나 수사를 받은 사례가 적지 않다고 한다. 또한, 헌법에 명시된 교육의 정치적 중립성이 정당의 적극적인 선거 개입으로 인해 훼손되고 있다는 비판도 있다. 결국, 교육이 정치에 예속되는 부작용이 발생한다는 것이다.

미국의 경우, 교육감 선출 방식은 주와 학군에 따라 다양하다. 일부 지역에서는 교육감을 선거를 통해 직접 선출하며, 일부 지역에서는 임명제를 채택하고 있다. 교육감 임명은 보통 교육위원회가 담당하지만, 워싱턴 디씨나 메릴랜드주 프린스조지스 카운티처럼 시장이나 카운티 이그제큐티브(행정 책임자)가 직접 임명하는 경우도 있다. 미국 내 수많은 학군에서 채택하는 교육감 선정 방식을 모두 알지는 못하지만, 특정 방식이 절대적으로 우월하다고 단정하기도 어렵다. 다만, 내가 교육위원회 의장으로 있는 버지니아주 페어팩스 카운티의 방식은 고려해 볼 만하다고 생각된다.

페어팩스 카운티에서는 교육위원회가 교육감을 임명한다. 교육감의 초임 계약 기간은 주 법에 따라 최소 2년에서 최대 4년이며, 이후에는 한 번에 최대 4년까지 재계약이 가능하다. 연임에 대한 제한은 없다. 반면, 교육위원들은 선거를 통해 선출된다. 법적으로는 정당 공천이 불가능한 비정당 정치 선거이지만, 정당이 공식적으로 지지를 선언할 수 있으며, 정당 조직이 선거 운동에 개입하는 데 제약이 없어 사실상 정당 공천 선거와 큰 차이가 없다. 즉, 교육위원 선거에서 정치적 색채를 완전히 배제하기는 어려운 구조다.

1995년 교육위원 선거 제도가 도입된 이후, 페어팩스 카운티에서는 다섯 차례 선거가 치러졌으며, 그동안 정당의 공식적인 지지를 받지 못한 후보가 당선된 사례는 단 한 차례도 없었다. 그만큼 정당의 지지와 조직적인 지원이 중요한 역할을 한다. 또한, 지금까지 교육위원회는 민주당이 지속적으로 과반수를 차지해 왔다. 하지만, 교육감 선정 과정에서는 후보의 정치적 성향을 고려하지 않는다는 점이 특징적이다.

1995년 이후 페어팩스 카운티에서는 세 차례 교육감이 교체되었다.

교육감 선발 과정에서 교육위원들은 후보자들의 이력서를 검토하고 심층 면접을 진행하며, 배경 조사를 실시한다. 그러나 이 과정에서 후보자의 정치적 성향, 정당 지지 여부, 종교, 인종적 배경, 나이, 결혼 여부 등을 고려하는 것은 금지되어 있다. 물론, 배경 조사를 하다 보면 후보자의 정치 성향을 짐작할 수는 있다. 그러나 교육위원들이 이를 공개적으로 논의하거나, 교육감 선정의 주요 기준으로 삼는 일은 없다.

실제로, 2013년 페어팩스 카운티 교육감으로 임명된 캐런 가자 박사는 이전에 텍사스주에서 공화당원으로 등록되어 있었다.[15] 그러나 교육위원 12명 중 10명이 민주당원이었던 페어팩스 카운티 교육위원회는 그녀의 정당 소속을 문제 삼지 않았다. 교육감 후보의 핵심 자격은 교육자로서의 전문성과 행정가로서의 능력이며, 정치적 배경은 고려할 필요가 없다는 판단에서였다.

공교육에서 정치적 개입을 최소화하는 것이 바람직하다는 점에는 이견이 없을 것이다. 교육위원을 선거로 선출하는 한 정치적 영향을 완전히 배제하기는 어렵겠지만, 유권자와 교육위원들이 이 점을 항상 염두에 두는 것이 중요하다. 교육감 선정 방식이 어떻게 결정되든지 교육이 정치의 도구가 되어서는 안 된다는 원칙만큼은 반드시 지켜져야 할 것이다.

---

15) 언젠가 가자 교육감에게 당적에 관해 물어본 적이 있었다. 그랬더니 자신이 교육감으로 일하고 있었던 곳은 원래 공화당 강세 지역이라 공화당 당적을 유지하지 않고서는 어떤 일도 제대로 할 수 없다고 대답했다.

무기명 투표
2023년 10월 6일

과거 페어팩스 카운티 교육위원으로 20년 이상 일하면서 수없이 많은 안건에 대한 표결에 참여했다. 안건에 따라 교육위원들 사이에서 찬성과 반대, 그리고 기권으로 표가 갈리는 경우가 종종 있었다. 이는 전혀 이상한 일이 아니다. 교육위원회가 다수의 위원으로 구성된 이유는 다양한 의견을 교환하고 반영하기 위함이기 때문이다.

그러나 가끔 흥미로운 장면을 목격하기도 했다. 특정 사안에 대해 표결을 피하기 위해 자리를 슬그머니 떠나는 위원들이 있었다. 회의장 뒤편에는 커튼이 쳐진, 위원들이 잠시 쉴 수 있는 공간이 마련되어 있다. 그런데 일부 위원들은 표결이 임박하면 이 공간으로 들어가 회의 광경을 모니터하다가, 표결이 끝난 후에야 다시 회의장으로 돌아오는 것이다.

이런 방식으로 표결을 피하면 회의 자체를 불참한 것이 아니라 특정 안건에 대해 기권한 것으로 기록된다. 사실 기권도 찬성이나 반대처럼 하나의 의사 표시라고 보아야 한다. 그러나 이렇게 표결을 회피한 위원들은 자신의 편의에 따라 "기권이 아니라 표결에 참여하지 않은 것"이라고 주장하기도 한다. 즉, 자신은 공식적으로 의사 표시를 하지 않았다는 식으로 해석하는 것이다. 특히 민감한 안건일수록 이런 회피 행태를 더 자주 볼 수 있다.

의결 기관마다 표결 방식은 다를 수 있다. 미국 내 모든 교육위원회가 동일한 방식을 취한다고 단정할 수는 없지만, 적어도 내가 경험한 바에 따르면 선출직 공직자로 구성된 의사 결정 조직에서 무기명 투표를 하는 경우는 본 적이 없다. 민주주의에서 주민들의 투표로 선출된 공직자에게 요구되는 것 중 '투명성'만큼 중요한 것은 없기 때문이다.

선출직 공직자들의 공식적인 입장은 결국 공개 회의에서의 표결 내용으로 드러난다. 그리고 주민들은 자신들이 선출한 공직자가 특정 사안에 대해 어떤 입장을 취했는지를 살펴보고, 이를 바탕으로 평가하게 된다. 그렇기에 무기명 투표란 상상할 수 없는 일이다. 무기명 투표만큼 불투명한 것도 없기 때문이다.

페어팩스 카운티 교육위원회에서도 모든 표결은 당연히 공개적으로 이루어진다. 사안이 무엇이든 마찬가지다. 심지어 교육감 선임과 같은 민감한 인사 문제조차도 공개 표결을 통해 진행된다. 교육감과의 관계가 불편해질 가능성이 있더라도, 교육위원들은 자신의 입장을 투명하게 밝히는 것이다. 이것이야말로 건강한 민주주의가 지향해야 할 모습이다.

물론 인사 문제나 학생 징계와 같은 사안은 비공개 회의에서 논의된다. 이는 법적으로 보장된 프라이버시 보호 차원의 조치다. 그러나 최종적인 공식 결정은 반드시 공개적으로 이루어지며, 표결 과정에서 각 교육위원이 어떻게 투표했는지는 명확하게 기록된다. 학생 징계의 경우,

연방법에 따라 해당 학생의 이름은 공개되지 않지만, 해당 학생은 자신의 징계안이 표결에 부쳐진다는 사실을 미리 통보받는다. 따라서 해당 학생은 교육위원들이 어떤 입장을 취했는지를 명확하게 알 수 있다.

이러한 투명성에 익숙한 나로서는, 한국 국회에서 인사안 표결이 무기명 투표로 진행되는 것이 매우 어색하게 느껴진다. 과거 대통령 탄핵 표결에서도 그랬고, 최근 야당 대표 체포 동의안이나 국무총리 해임 건의안 표결도 모두 무기명으로 이루어졌다.

일각에서는 무기명 투표가 솔직한 의사 표현을 가능하게 하며, 이를 통해 긍정적인 결과를 창출할 수도 있다고 주장한다. 또한, 인사안 표결에서 무기명 방식을 채택하는 것은 한국의 정치 문화와 관련이 있다는 의견도 있다. 그러나 선출직 공직자가 자신의 소신을 투명하게 밝힐 수 없다면, 과연 그가 공직자로서의 소명을 다하고 있다고 볼 수 있을까? 오히려 민감하고 어려운 사안일수록 더욱 투명해야 한다고 본다. 그것이야말로 유권자들이 선출직 공직자들에게 기대하는 바가 아닐까.

최근 야당 대표 체포 동의안 표결 이후, 찬성한 의원들을 색출해야 한다는 논란이 벌어졌다는 소식을 들었다. 이러한 분위기 속에서 표결의 완전한 투명성이 제도적으로 자리 잡을 날이 올 수 있을까. 그날이 오기를 기대해 본다.

웃긴 놈
2010년 11월 2일

지난주, 나는 일주일 동안 한국을 다녀왔다. 서울대학교 교육행정연수원과 교육학회, 그리고 고려대학교의 초청을 받아 강의와 발표를 진행하기 위해서였다. 버지니아 페어팩스 교육청의 고위 간부 한 명과 고등학교 교장 한 명이 동행했으며, 경상남도 교육청에서도 방문을 요청하여 처음으로 창원, 마산, 진주 지역까지 가 보는 기회를 가졌다.

1974년 미국으로 이민 간 후 여러 차례 고국을 방문했지만, 대부분 여름방학에 맞춰 가족과 함께 다녀왔기에 이번처럼 최적의 날씨인 10월 말에 방문한 것은 색다른 경험이었다. 동행한 두 사람도 아시아 여행이 처음이었으며, 특히 교장은 외국 여행 자체가 처음이라 여권부터 준비해야 했다.

비록 일주일 동안 바쁜 일정이었지만, 강의 외에도 다양한 문화체험을 할 수 있어 좋았다. 고등학생 때 미국으로 이민을 간 나로서는 한국 내에서 여행할 기회가 많지 않았기에 이번 방문은 더욱 뜻깊었다. 또한, 페어팩스 교육 지도자들이 직접 한국의 발전과 교육열을 체감할 수 있는 좋은 기회가 되었다.

경상남도 교육청 초청 덕분에 처음으로 밀양을 거쳐 창원을 방문할 기회를 얻었다. 1970년대 논과 밭이었던 곳이 공단으로 개발되며 한국 최초의 계획도시로 조성되었다고 하는데, 잘 정돈된 모습이 인상적이었다. 미국의 어느 도시와 비교해도 손색이 없을 정도였다.

모든 강의를 마친 후, '가곡 가고파'의 본고장인 마산을 방문했다. 이곳에는 이은상 선생님이 거주했던 인근 지역과, 바닷물이 내려다보이는 언덕 위에 자리한 마산시립문신미술관이 있다. 한국이 배출한 유명한 조각가인 문신 선생님의 작품들이 전시된 이 미술관은 원래 그의 개인 미술관이었으나, 그가 타계하며 마산시에 기증했다고 한다.

통영에서는 한국의 몽마르트르 언덕이라 불리는 동피랑 마을의 벽화를 감상할 수 있었다. 충무항이 내려다보이는 언덕 위에 위치한 이 마을은 벽화 프로젝트를 통해 철거 위기를 극복한 사례로도 유명하다. 거제 앞바다의 아름다움을 감상하며, 세계적 규모(150만 평)를 자랑하는 삼성 조선소도 둘러보았다. 그리고 진주에서는 육회를 올려 먹는 진주비빔밥을 맛보는 특별한 경험도 했다.

또한, 합천의 해인사를 방문하여 1995년 유네스코 세계문화유산으로 등재된 경판을 보관하는 장경판전을 둘러보았으며, 2007년 세계기록유산으로 지정된 팔만대장경의 사본도 볼 수 있었다. 특히 장경판전은 내년이면 건립 1,000주년을 맞이한다고 한다. 목조건물이 1,000년 동안 손상 없이 유지되었다는 사실 자체가 경이로웠다.

일주일 동안의 일정 중 재미있는 일화도 하나 있었다. 나는 가능하면 시간을 아끼고 운동도 할 겸 매일 새벽 숙소 근처를 걷는 습관을 유지하려고 했는데, 동행한 두 교육자에게는 이 새벽 산책이 꽤 부담스러웠던 모양이었다. "꼭 6시에 일어나 걸어야 하느냐?"라는 질문에 나는 "5시 반이면 더 좋겠다"라는 식으로 답하곤 했는데, 그럴 때마다 그들은 더 이상 할 말을 잃은 듯했다.

강의와 학회 발표 일정이 끝난 후, 미국으로 돌아가기 전날 하루가 비어 있었다. 일행들은 비무장지대(DMZ)를 방문하고 싶어 했지만, 나는 이미 다녀온 경험이 있어 "둘이서 다녀오라"라고 권했다. 그러나 예약이 모두 마감되었다는 소식을 들은 후, 교육청 간부가 내게 이메일을 보냈다.

"예약이 꽉 차서 못 가게 되었습니다. 이제 어떻게 할까요?"

이에 나는 기다렸다는 듯이 답장을 보냈다.

"잘됐네요! 그럼 아침 6시부터 일어나서 걸읍시다!"

얼마 지나지 않아 그에게서 다시 이메일이 왔는데, 이번에는 영어가 아닌 한국어였다.

"웃긴 놈."

이메일을 보고 순간 당황했지만, 곧 그의 의도를 알아차렸다. 그는 아마도 "funny guy"라는 말을 번역기로 돌려 보냈을 것이고, 번역기가 이를 직역한 탓에 어색한 표현이 된 것이었다. 정확한 의미라면 "웃겼다", "못 말려" 정도가 적절했을 것이다.

나중에 내가 번역 오류를 알려 주자, 그는 순간 얼굴이 하얗게 질렸다. 매년 학년 말에 자신의 업무 평가를 한 후 계약 연장을 결정하는 교육위원에게 이렇게 무례한 표현을 보냈다고 생각하니 깜짝 놀란 것이다.

다행히 나는 이를 유쾌하게 받아들였고, 모두 함께 웃고 넘겼다. 하지만 이 일화는 컴퓨터 번역 기능에 의존하다 보면 예상치 못한 실수가 발생할 수 있다는 점을 보여 주는 현실적인 교훈이기도 했다.

오른쪽 선글라스를 쓴 사람(Peter Noonan)이 범인이다. 그는 2017년부터 인근의 Falls Church시에서 교육감으로 일하다 2025년 6월 말에 은퇴한다. 가운데의 James Kacur 당시 교장은 그 후 교육장으로 승진했고 부인의 이직에 따라 텍사스주로 이사 갔다.

한국 방문 에피소드
2019년 12월 27일

지난달, 나는 버지니아주 페어팩스 카운티의 지역 담당 교육장과 고등학교 교장 각 1명과 함께 약 열흘간 한국을 방문했다.

교육장은 30여 개 학교를 감독하는 책임을 맡고 있으며, 교장은 올해 처음으로 한국어 과목이 도입된 학교를 이끄는 인물이었다.

나는 한국 방문 때마다 동행하는 교육자들에게 두 가지 철칙을 강조한다.

"한국에 자러 가지 않는다."

짧은 일정 동안 최대한 많은 것을 경험하려면 수면 시간을 최소화해야 한다고 미리 일러둔다.

"편한 신발을 챙겨 간다."

미국과 달리 걷는 시간이 많기 때문에, 공식 일정 후에도 저녁 시간이나 주말에는 가급적 많이 걸으며 한국을 체험하도록 유도한다.

그러나 미국인 교육자들이 내 스케줄을 맞추다 보면 서둘러야 하는 순간이 자주 생긴다. 그리고 그러다 보면 뜻밖의 에피소드가 생기기도 한다.

한국 방문 첫 주말, 우리는 경기도 파주의 오두산 전망대를 방문하기로 했다. 판문점 탐방을 위해 하루 종일 시간을 낼 수는 없었기에, 일요일 오전에 전망대만이라도 보고 오기로 결정한 것이다.

전망대에서 미국인 교육자들은 북한 땅을 바로 눈앞에서 바라보며 실감이 나지 않는 듯했다. 또한, 통일로 옆으로 길게 이어진 철조망을 보고 문화적 충격을 받은 듯했다.

그렇게 전망대를 떠나 서울로 돌아오는 길, 출발한 지 약 15분 후,

"내 귀고리 하나가 없어졌어요!"

교육장은 아마도 전망대의 화장실에서 떨어뜨린 것 같다고 했다. 하지만 일요일 교회 예배 시간에 늦지 않으려면 다시 돌아갈 수는 없었다.

그는 "비싼 귀고리는 아니니 괜찮다"라고 했지만, 목소리에서 아쉬움이 묻어났다. 그러나 어쩔 수 없었다.

이틀 후, 우리는 인천에서 하루 종일 일정을 소화했다. 가방과 코트를 차에서 꺼내고 다시 싣고, 계속 움직이며 부산스럽게 보냈다. 그런데 일정이 거의 끝나갈 무렵,

"내 스카프가 어디 갔죠?"

이번에는 꽤 비싼 물건이었다.

방문했던 장소와 점심을 먹었던 식당까지 모두 연락했지만, 스카프는 어디에서도 찾을 수 없었다. 교육장은 점점 낙심하는 듯했다. 그러다 혹시나 하는 마음에 차 트렁크를 열어 보았다. 가방을 실었다가 옮기는 과정이 있었기 때문이다.

그리고, 거기 있었다!

트렁크 안에서 발견된 스카프 덕분에 교육장은 남은 일정 내내 귀고리와 스카프 이야기로 놀림을 당했다.

서울과 인천 일정을 마친 후, 수요일 오전부터 지방 방문 일정이 시작되었다.

호텔 체크아웃을 하면서 짐의 절반을 호텔에 맡겨 두기로 했다. 특히 교장은 양복 한 벌만 입고 지방으로 이동하기로 결정했다.

그런데 서울역에서 기차를 타고 30분쯤 지났을 때,

"아차…! 양복 윗도리를 호텔 화장실에 걸어 두고 왔어요!"

전날 밤, 구김을 펴려고 뜨거운 물을 틀어 스팀을 만든 후 걸어 둔 것을 깜빡한 것이었다.

그렇다고 다시 돌아갈 수도 없었다. 대신 호텔에 연락해 확인을 부탁했더니, 다행히 그대로 걸려 있었다. 돌아올 때까지 보관해 달라고 요청하고는 안심했다.

그러나 여수, 대구, 부산 일정 중에는 양복이 필요한 공식 행사도 있었기에 교장은 당황했다. 다행히 대구시 교육청 방문 전, 교육청 앞 백화점에서 적당한 스포츠 재킷을 구할 수 있었다. 게다가 사이즈도 딱 맞아, 그대로 입고 공식 일정에 참석할 수 있었다.

대구 일정을 마친 후, 우리는 밤늦게 부산행 기차에 올랐다. 부산에 거의 도착할 무렵, 우리는 짐을 챙겨 내릴 준비를 하고 있었다. 교장도 가방을 들고 외투를 걸쳤다.

그런데… 창가 옷걸이에 벗어 둔 새로 산 양복 윗도리를 또 그대로 두고 내릴 뻔했다!

나는 그 장면을 보고 기겁하며 말했고, 간신히 옷을 챙겼다.

두 명의 미국인 교육자들은 내 몰아치는 일정을 따라가느라 고생했지만, 이번 한국 방문은 평생 잊지 못할 추억이 될 것이라고 말했다.

다음에 만나면 꼭 물어볼 것이다.

"귀고리, 스카프, 그리고 양복 윗도리는 잘 챙기고 계신가요?"

경남 거제시 외도에서 망한을 즐기면서

한국에서의 교사 채용 진행 소식

2024년 10월 18일

버지니아주 페어팩스 카운티 교육청이 내년부터 한국에서 교사 채용을 시도한다. 2년 전 부임한 현 교육감이 이를 본격적으로 추진하기로 했다. 오랫동안 한국 출신 교사의 채용에 관심을 가져왔던 나에게는 개인적으로도 참 의미 있는 시도이다.

내년부터 시작되는 이 시범 사업은 중·고등학교 수학 및 과학 교사 10명을 목표로, 첫해에는 한국에서만 교사를 채용하는 방식으로 진행된다. 이를 위해 지난 8월 한국을 방문해 몇몇 교육청 관계자들에게 직접 이 사실을 알렸다. 또한, 주미한국대사관 교육부 담당자들과 만나 이 계획을 공유하고, 한국 교육부를 통해 전국 교육청에도 소식이 전달되도록 협조를 요청했다. 교육감 역시 공식 공문을 대사관 내 한국 교육부 담당자들에게 전달했으며, 이를 통해 한국의 여러 교육청에도 소식이 전파된 것으로 보인다.

지원 자격은 2년 이상의 경력을 가진 현직 교사로, 공립·사립, 정규직·기간제 교사 모두 지원할 수 있다. 다만, 중요한 조건은 영어로 수업을 진행할 수 있어야 한다는 점이다. 채용된 교사는 J-1 비자로 입국하며, 가족이 동반할 경우 J-2 비자가 발급된다. 배우자는 미국 입국 후 취업 허가를 신청할 수도 있다. 비자 절차는 교육청이 고용한 외부 기관인 Participate

Learning(PL)이 담당하며, 일반적으로 약 3개월이 소요된다.

한국 교사 채용 소식이 전해진 후, 이미 여러 명이 지원했다는 반가운 소식이 들려왔다. 보통 경쟁률이 수십 대 일에 이를 정도로 높아, PL이 지원 서류를 매우 까다롭게 심사한다고 한다. 하지만 지금까지 한국 지원자들은 모두 서류 전형을 통과했으며, 조만간 인터뷰가 진행될 예정이다.

이 과정에서 개인적으로 관여한 일도 있었다. 한 지원자가 이력서에 한국에서 가르친 과목명을 그대로 번역해 기입한 것이 문제가 된 사례가 있었다. 예를 들어, '생명과학'을 "Life Science"라고 표기했는데, PL의 시스템이 이를 과학 과목으로 인식하지 못했던 것이다. 미국에서는 생명과학을 "Biology"로 표기하는 것이 일반적이기 때문이다. 이처럼, PL 역시 한국 교육 체제와 교과 과정에 대한 이해가 부족한 부분이 있었고, 이러한 점들은 앞으로 보완될 것으로 기대된다.

또 다른 사례로, 가족과 함께 미국으로 이주하는 지원자의 경우 페어팩스 카운티의 높은 생활비 때문에 PL의 컴퓨터 시스템이 자동으로 탈락 통보를 내리는 문제가 있었다. 재정 상황에 대한 추가 정보를 요청하는 것은 이해할 수 있지만, 단순히 생활비 부담을 이유로 서류 심사에서 자동 탈락시키는 것은 적절하지 않다고 판단되었다. 이에 대해 PL에 문제를 제기했고, 이후 이 부분도 개선되었을 것이라 생각한다.

현재 서울, 부산, 세종, 청주, 수원 등 다양한 지역에서 지원자가 나오고 있다는 점은 매우 고무적인 일이다. 특히, 세종과 청주는 내가 직접 방문해 정보를 공유한 지역이 아님에도 불구하고, 주미한국대사관을 통해 소식이 전달된 것으로 보인다. 이를 계기로, 대사관 담당자들에게 감사의 뜻을 전하고 싶다.

더불어, 이번 한국 교사 채용과 함께 페어팩스 카운티 교육청이 처음으로 H-1B 비자 스폰서를 제공하기로 결정했다는 소식도 반갑다. H-1B 비자는 미국 내에서 인력 부족 현상을 겪고 있는 특정 직종, 특히 교사나 IT 전문가 등을 대상으로 발급된다. 교육청은 첫해에 10명을 목표로 하고 있으며, 교사 직종의 경우 미국 내 교사 자격증을 이미 보유하고 있어야 한다. 특히, 수학·과학 교사뿐만 아니라 특수교육, 외국어(한국어 포함), ESL, 상담교사, 초등교사, 학교 심리사, 언어치료사 등도 포함된다.

이번 H-1B 비자 프로그램에서 가장 큰 장점은, 로컬 정부(교육청)가 직접 고용주가 되기 때문에 일반적으로 요구되는 추첨 절차 없이 10명에게 비자가 보장된다는 점이다. 즉, 자격 요건을 충족하기만 하면 추첨에서 탈락할 걱정 없이 비자를 받을 수 있다는 것이다. 이는 미국에서 교사로 일하고자 하는 한인들에게 매우 중요한 기회가 될 수 있다.

한인 동포 사회에서도 이 기회를 적극적으로 활용할 수 있기를 바란다. 특히, 졸업 후 미국 체류 신분 문제로 고민하는 유학생들에게는 H-1B 비자가 큰 도움이 될 것이다. 앞으로도 이러한 프로그램이 원활히 운영될 수 있도록 교육청과의 협력을 지속할 계획이며, 한인 사회에서도 관심을 갖고 참여해 주기를 기대한다.

4장
미국 사회

여는 글

미국 사회를 짧은 글로 설명하기는 불가능하다. 역사가 길지 않다고는 해도(물론 원주민 인디언의 역사를 포함시킨다면 이야기가 달라지겠지만), 국토가 워낙 넓고 다양한 문화적, 인종적 배경을 가진 사람들이 이민 와 뿌리를 내리고 살고 있기에, 미국 문화를 한마디로 정의하기도 어렵다.

내가 사는 버지니아주 페어팩스 카운티는 미국의 수도인 워싱턴 디씨 근교로, 연방정부 공무원들과 정부 관계 일을 하는 주민들이 많이 사는 곳이다. 동시에 인종적으로도 상당히 다양한 주민들로 구성되어 있다.[16] 내가 미국에서 51년째 살고 있으며, 대학교와 로스쿨을 다니던 기간을 제외하고는 계속 북부 버지니아 지역에 거주했으니, 나의 미국 생활 경험 역시 미국 전체를 일반화하기에는 절대적으로 한계가 있는 경험이다.

그럼에도 불구하고 내가 자신 있게 말할 수 있는 것은, 미국은 상당히 수평적인 사회라는 점이다. 재력, 학력, 집안 배경에 따라 어느 정도 차이가 있을 수는 있지만, 그것들이 큰 걸림돌이 되지는 않는다. 물론 이는 나의 제한된 경험에 비추어 본 것이며, 한국과 비교했을 때 상대적으로 그렇다는 평가다.

---

[16] 2024년의 인구조사에 의하면 백인이 48%, 흑인이 11%, 아시안이 21% 그리고 히스패닉이 18% 정도로 나와 있다. 물론 미국 전체로 보면 백인이 58%, 흑인이 14%, 히스패닉이 20% 그리고 아시안은 불과 6%를 조금 상회한다.

총기 사용 문제를 비롯해 범죄율이 높은 것 같으면서도, 미국은 준법정신과 법 절차, 인권 보호의 중요성을 강조한다. 소수자나 약자에 대한 배려도 깊다. 자기주장을 내세우는 데 주저하지 않으면서도 양보할 줄 알고, 상대방의 입장에서 바라보는 훈련을 일찍부터 배우기도 한다. 남을 밟고 일어서는 경쟁보다는 협동심과 소통이 중요한 덕목으로 여겨진다.

나이나 성차별은 엄격히 다루며, 능력 있는 사람은 인정을 받는다. 노력의 대가가 그래도 공정하게 돌아오는 사회다. 모든 사람에게 일률적인 목표를 설정해 같은 잣대로 평가하지 않으며, 직업의 귀천도 상대적으로 적다.

물론 모든 것이 이상적인 사회는 절대 아니다. 편견과 질시가 없는 사회도 아니다. 인종적 갈등도 상당하다. 그러나 그럼에도 불구하고 배울 점이 제법 많은 사회임은 분명하다.

문화 충격
2023년 9월 22일

얼마 전, 과거에 페어팩스 카운티 교육위원회에서 함께 일했던 동료들과 저녁을 함께하는 자리에서, 내가 미국에 이민 와서 겪었던 문화 충격에 대한 이야기를 나누게 되었다.

이민 온 지 약 일주일이 지난 후, 처음으로 버지니아주 알렉산드리아시에서 9학년과 10학년만[17] 다니는 학교에 등교하게 되었다. 살던 아파트 가까이에 있는 스쿨버스 정류장에서 버스를 기다리고 있었는데, 주변에는 나보다 키는 크지만 나이는 어린 학생들이 여럿 있었다. 대학에 진학하기 전, 영어를 조금이라도 더 배우기 위해 일부러 한 학년을 낮춰 등록했기 때문이었다.

모든 것이 낯설었던 첫날, 나는 가능하면 다른 학생들의 시선을 피하려 했다. 우선 언어 소통이 어려웠다. 한국에서 배운 영어로는 그들이 하는 말을 극히 부분적으로만 이해할 수 있는 수준이었다. 학교 전체에서 ESL 학생은 나를 포함해 단 네 명뿐이었다.

그런데 다른 학생들의 눈을 피하려던 나에게 끈질기게 말을 거는 학생이

---

17) 9학년이면 한국에서는 중학교 3학년, 그리고 10학년은 고등학교 1학년이다.

있었다. 나는 애써 외면했지만, 그는 계속 말을 걸어왔다. 듣지 않는 척했지만, 내 나름대로 귀를 기울이며 집중했다. 상대도 내가 잘 알아듣지 못한다는 것을 느꼈는지 점점 말을 천천히 했다. 그러다 갑자기 알아들을 수 있는 단어가 들려왔다. 그것도 속어였다. 그리고 그 순간 나는 너무 놀랐다.

낯선 학생이 나에게 성관계를 가져 본 적이 있느냐고 묻는 것이었다.[18] 전혀 모르는 사람에게 이런 질문을 해도 되는 것인가? 겨우 열세네 살 정도밖에 안 되어 보이는 어린아이가 이런 질문을 던질 수 있다는 사실이 충격이었다. 과연 이게 미국 문화인가?

내 이야기를 듣던 동료들이 웃는 사이, 나는 또 다른 에피소드를 소개했다. 미국에서 고등학교 때 성추행(?)을 당한 적이 있었다고 했다. 그러자 모두 바짝 긴장하는 듯했다.

고등학교 11학년을 마치고 여름방학에 가버너스 스쿨 프로그램에 참여했을 때의 일이었다. 이 프로그램은 한 여자대학교 기숙사에서 4주 동안 진행되었는데, 기숙사 생활 감독을 그 대학교 여학생들이 맡았다. 프로그램이 거의 끝나 갈 무렵, 서로 어느 정도 친숙해졌지만, 미국에 온 지 2년밖에 안 된 나에게는 여전히 미국인 여성들과 대화를 나누는 것조차 어색한 일이었다.

모든 일정이 끝나고 짐을 싸서 그레이하운드 버스를 타려고 기숙사 밖에서 정류장을 향해 걸어 나가고 있었다. 그때 마침 내 기숙사 담당 생활

---

[18] 그때 사용한 단어가 'screw'였다. 너무 놀라 50년이 지난 지금도 기억이 생생하다.

감독이었던 여대생이 나를 보더니 다가왔다. 그러더니 잘 가라고 인사하며 나를 덥석 껴안는 것이었다. 그때까지 엄마 외에는 여성에게 안겨 본 기억이 없는 나에게는 충격적인 사건이었다. 이상하게도, 단 몇 초에 불과했을 그 포옹이 나에게는 마치 영원처럼 느껴졌다.

이 이야기를 듣던 동료 교육위원들이 박장대소했다. 한국에서 온 지 얼마 안 된 아시아계 이민자 학생이 겪었던 문화 충격 이야기들이 재미있었던 모양이었다. 이제 미국에 산 지 반세기가 되어 가는 나에게는 더 이상 그런 충격은 없다. 그러나 요즘은 오히려 반대로 충격을 받는 일이 있다. 조국인 한국에서 들려오는 뉴스 때문이다.

그 가운데 특히 미국에서는 민사 사건으로 처리되는 일들이 한국에서는 형사 고소로 이어지는 점이 눈에 띈다. 예를 들어, 명예훼손, 직무유기, 선출직 후보자들의 허위사실 유포 같은 사안들이 그렇다. 이러한 문제들은 민사 소송을 통한 손해 배상, 언론을 통한 진실 규명, 비판과 견제 등의 방식으로 다뤄져야 하는데, 한국에서는 형사 사건으로 처리되는 경우가 많다. 또한, 형사 사건에서 인신 구속이 이루어지는 비율이 미국에 비해 훨씬 높은 것 같다. 미국에서는 형사 사건에서 구속을 결정할 때 매우 엄격한 심사를 거친다. 반면 한국에서는 비교적 쉽게 구속이 이루어지는 것처럼 보인다.

물론, 나라마다 법체계와 문화가 다를 수 있다. 그럼에도 불구하고 미국에서 이제 거의 40년 가까이 변호사 일을 해 온 나에게는 조국의 이러한 모습이 점점 더 충격으로 다가온다. 경제적으로 선진국 반열에 오른 한국이 법체계와 문화에 있어서도 과연 선진국 수준에 도달했는가를 스스로에게 묻게 된다.

육아(育兒)
2015년 1월 16일

며칠 전 한 잡지 기사에 시선이 멈췄다. 워싱턴 디씨의 한 로펌에서 일하는 젊은 한인계 변호사가 쓴 글이었다. 그는 로펌에서 일을 시작하기 전 약 6개월 동안 집에서 어린 딸을 돌보았다고 했다. 6개월이라는 기간이 대단한 것인가 반문할 수도 있겠지만, 그가 글에서 던진 메시지는 단순한 육아 휴직 그 이상이었다.

이 변호사는 하버드대 로스쿨을 졸업한 후, 연방대법원에서 재판연구원(law clerk)으로 1년간 근무했다. 연방대법원에서 재판연구원으로 일하는 것은 로스쿨 졸업생들에게 최고의 영예다. 미국 내 로스쿨 학생들 중에서도 최상위권의 성적과 역량을 가진 이들만이 가질 수 있는 기회다. 예일대 로스쿨 학장을 지냈고, 미 법무부 인권 담당 차관보와 국무부 법률고문을 역임했던 고홍주 씨도 그 출신이다. 한인계 젊은이가 그 자리에 있었다는 사실만으로도 충분히 자랑스러운 일이었다.

그의 딸이 태어났을 때, 부인은 의대생이었다. 출산 후 부인은 주저 없이 1년간 휴학을 결정했다. 딸의 성장에 도움이 될 뿐만 아니라, 자신도 엄마로서의 시간을 최대한 경험하고 싶었기 때문이다. 그는 부인의 이러한 선택을 존중하며, 자신도 재판연구원직을 마친 후 변호사로서 새 일을 시작하기 전, 아빠로서 그런 시간을 가져 보고 싶었다.

딸이 커 가는 모습을 지켜보면서 가장 두려웠던 것은 몇십 년 후 뒤돌아볼 때, 일이 우선이라며 내렸던 선택들을 후회하는 순간이 올지도 모른다는 것이었다.

흔히 남자들은 육아를 크게 즐기지 않을 것이라고 가정하기 쉽다. 하지만 그것은 잘못된 생각이라고 그는 지적했다. 남자에게도 여자와 마찬가지로 아이를 키우는 일이 인간으로서의 경험에서 중추적인 부분을 차지한다고 강조했다.

그는 통계 자료도 제시했다. 2013년 10월 발표된 퓨리서치 연구에 따르면, 남성의 60%가 아이를 돌보는 시간이 삶에서 의미가 크다고 응답했다. 반면, 직장 일을 의미 있다고 평가한 비율은 33%에 불과했다. 즉, 아빠들에게도 아이를 돌보는 것은 중요한 삶의 기쁨이라는 것이다.

그는 사춘기 이후, 딸이 태어나기 전까지 딱 두 번밖에 울어 본 기억이 없다고 했다. 그러나 부인이 의대에 복학한 후, 자신이 매일 아침 딸을 데이케어에 데려다주게 되면서 상황이 달라졌다. 데이케어 앞에서 딸이 떨어지지 않으려고 울며 매달릴 때, 그는 차마 뿌리치고 돌아설 수밖에 없는 현실에 창피하고 미안한 마음에 자주 눈물을 흘렸다고 했다. 하지만 집에서 딸과 함께 시간을 보내게 되면서, 그는 점점 다른 이유로 눈물을 흘리게 되었다. 기쁨과 감동 때문이었다. 아이가 성장하는 모습을 지켜보며, 사랑스럽고 감사한 마음이 차올랐기 때문이다.

이 글을 읽으며, 바로 옆집에 살았던 부부가 떠올랐다. 두 사람 모두 변호사였지만, 부인은 두 아들을 돌보기 위해 변호사 생활을 중단하고 집에서 육아에 전념했다. 그런데 어느 날부터인가, 부인이 아닌 남편이 집에 남아 있는 것이 눈에 띄었다. 궁금해서 남편에게 물었더니, 이제는 역할을 바꿀 때가 되었다고 했다. 앞으로 3년 동안은 자신이 집에서 아이들과 가사를 돌볼 계획이라는 것이었다. 그 말을 듣고 적잖이 충격을 받았다. 나는 절대로 그렇게 할 자신이 없었다.

또 한번은, 집을 정리하다가 큰아이가 6학년 때 썼던 일기장을 발견했다. 1999년 11월, 내가 교육위원 재선에 실패한 후 카운티 기획위원으로 임명된 시기였다. 큰아이는 일기장에 이렇게 적었다.

"우리 아빠는 더 이상 교육위원이 아니다. 그래서 이제 아빠와 좀 더 시간을 함께 보낼 수 있겠다 싶었는데, 또 부동산 개발을 다루는 위원회에서 일하게 되었다고 한다."

그 문장을 읽으며 마음이 저릿했다. 아이들의 어린 시절은 다시 돌아오지 않는다. 바쁘다는 이유로 더 많은 시간을 함께 보내지 못했던 것이 몹시 미안하고, 그 공백이 이제 와서 더욱 깊이 아프게 다가왔다.

무임승차
2017년 8월 18일

오래전에 한 지인으로부터 들은 이야기다. 1960년대에 미국으로 이민 와 남부 지역에서 잠시 살았던 경험에 대한 이야기였다. 당시 그는 세탁기가 없어 코인 런드로맷(Coin Laundromat)을 이용해야 했는데, 입구에 "Whites Only"와 "Colored Only"라는 표지판이 걸려 있었다고 한다.

처음에는 흰색 옷과 색깔 있는 옷을 세탁하는 곳이 따로 있는 줄 알았다고 한다. 그러나 나중에야 그것이 백인과 흑인을 구분하기 위한 차별적인 표시라는 사실을 알게 되었다. 당시 아시아인은 "Colored"(유색인종)로 간주되었지만, 그는 이를 몰랐기 때문에 실수로 백인 전용 세탁소에 들어갔던 적이 있었다고 했다.

미국에서는 오랫동안 대중교통, 공공화장실, 식당, 공립학교 등에서 백인과 흑인이 함께할 수 없는 제도적 차별이 존재했다. 심지어, 백인과 흑인의 결혼도 1967년 연방대법원의 판결 이전까지는 주에 따라 불법으로 간주되기도 했다. 내가 살고 있는 버지니아주 역시 그러한 법을 시행했던 곳 중 하나였다. 이는 곧, 한인도 백인과 결혼할 수 없었다는 의미이기도 하다. 그런 차별이 법적으로 철폐된 지 수십 년이 지났지만, 인종 갈등은 여전히 미국 사회를 깊이 흔들고 있다.

최근 미국 전체를 떠들썩하게 만든 사건이 버지니아주 샬러츠빌에서 벌어진 백인 우월주의자들의 폭력 시위였다. 더 심각한 문제는 이러한 단체들이 미국 곳곳에서 유사한 시위를 계획하고 있으며, 반대 시위와의 충돌이 예상된다는 점이다.

그런데 이 사건 직후 트럼프 대통령이 취한 행동은 미국뿐만 아니라 전 세계를 경악하게 했다. 백인 우월주의자들과 KKK, 네오나치 같은 증오 단체들에 대해 강력한 비난 성명을 발표하는 것이 당연했지만, 그는 마지못해 내뱉은 듯한 비난 성명을 발표하더니, 불과 하루 만에 이를 뒤집는 기자회견을 열었다.

미국 사회에는 이미 대통령의 지지층 가운데 백인 우월주의 그룹이 포함되어 있다는 사실이 공공연히 거론되고 있다. 몇 주 전, 트럼프 대통령이 보이스카우트 행사에서 연설했던 내용조차도 과거 히틀러가 나치 청년단에게 했던 연설을 연상시킨다는 비판이 제기되기도 했다. 그의 행동을 보며 가슴이 섬뜩해졌다. 대통령이 국가의 통합을 이끄는 지도력은 포기한 채, 자신의 극단적 추종 세력만을 달래려 하는 듯한 모습이었다.

최근 미국 사회에서 "Black Lives Matter(흑인의 생명도 중요하다)"라는 운동이 확산된 이후, 이에 대응하듯 "White Lives Matter(백인의 생명도 중요하다)"라는 구호도 등장했다. 그러나 이 상황 속에서 나에게 떠오른 질문은 "Where Are Brown Lives?"(그렇다면 아시아인의 위치는 어디인가?)였다.

현재 미국에서 벌어지는 인종 문제는 단순히 흑인과 백인의 갈등에 국한되지 않는다. 미국에 살고 있는 우리 모두의 문제이며, 한인들도 이 문제에서 자유로울 수 없다. 우리는 이러한 갈등 속에서 그저 조용히 관망하거나, 우리와 무관한 일이라고 방관해서는 안 된다.

25년 전, 4.29 LA 폭동 당시, 흑백 갈등의 불똥이 한인 사회로 튀었던 것처럼 보였다. 그러나 사실, 인종 갈등 문제 해결에 한인들이 충분히 역할을 하지 못한 점도 있었다는 자성의 목소리가 있었다. 나는 선출직 공직자로서 거의 20년을 활동해 오면서 한 가지 분명히 느낀 것이 있다. 소수 민족의 민권과 인권 향상을 위한 많은 노력 속에서, 아시아인들은 '수혜자'로만 여겨질 뿐, '공헌자'로 보이지 않는다는 시각이 존재한다는 점이다.

상대적으로 이민 역사가 짧은 아시아계가 이러한 노력에 참여할 기회가 적었다고 변명할 수도 있다. 그러나 우리 한인 사회를 돌아보면, 여전히 이러한 문제 해결에 적극적으로 참여하는 모습은 찾기 어렵다. 언론을 통해 인종 문제와 관련된 뉴스를 접하면 관심과 우려를 표명하지만, 정작 해결책을 모색하는 노력에는 극소수만이 참여하는 것이 현실이다.

과거 워싱턴 디씨 지역에서도 한인 상인들과 흑인 사회 간의 갈등이 적지 않았다. 그런 상황 속에서 한인 사회를 향해 던져진 도전적인 질문이 있었다.

"한인들은 아메리칸드림을 성취할 수 있는 터전을 닦아 놓은 수많은 사람들의 노력에 무임승차하고 있다."

당시 이런 비판을 들었을 때, 나는 "공정하지 않은 평가"라고 느꼈다. 그러나 지금의 인종 갈등을 바라보면서, 우리는 이제 더 이상 이러한 논란에서 벗어나기 위해서라도 적극적으로 동참해야 한다는 각오를 가져야 한다고 생각한다.

미국은 인종 문제로 인해 여전히 거대한 갈등을 겪고 있으며, 이 갈등은 단순히 흑인과 백인의 문제로 국한되지 않는다. 우리는 더 이상 방관자의 입장에서 조용히 지켜볼 수 없다. 우리도 미국 사회의 일부로서, 이 문제 해결에 동참해야 할 책임이 있다.

한인 사회는 오랫동안 경제적으로는 성공적인 이민자로 자리 잡았지만, 정치·사회적 영역에서는 여전히 부족한 부분이 많다. 우리가 더 적극적으로 목소리를 내고, 참여하며, 연대할 때 한인 사회도 더 이상 "무임승차"라는 비판에서 벗어나, 미국 사회에 진정한 기여를 하는 공동체로 인정받을 수 있을 것이다.

회장 자리
2000년 - AM 1310

페어팩스 카운티에는 "County Council of PTAs"라는 학부모회 연합회가 있다. 이 단체에는 카운티 내 200개 학교 학부모회들이 회원으로 가입해 있으며, 각 학교 학부모회 간에는 정보를 교환하고 공동 프로젝트를 추진하는 경우가 많다. 또한 중요한 교육 이슈가 제기될 때마다 입장을 표명하고, 교육 예산을 확보하기 위해 교육위원회와 카운티 행정위원회를 상대로 로비 활동을 펼친다.

현재 이 단체의 회장은 Rosemary Lynch로, 5년 전 카운티에서 최초로 실시된 교육위원회 선거에서 Lee District에 출마했으나 약 100표 차이로 낙선한 적이 있다. 이전 회장인 Kenton Patti는 Fundraising 컨설팅 일을 하는 분으로, 그가 회장으로 활동했던 시기에 현재의 회장인 Mrs. Lynch가 부회장직을 맡았다. 그런데 흥미로운 점은, 전 회장인 Mr. Patti가 현재 이 단체의 중요한 위원회에서 위원장직을 맡고 있다는 사실이다.

대다수의 경우 회장직을 여러 해 역임했으면 더 이상 봉사하지 않게 되지만, Patti 씨는 여전히 회장 자리를 내어주고 새로운 자리에서 기꺼이 봉사하고 있다. 이런 모습이 진정한 봉사라는 것을 보여 준다. 학부모회 연합회 회장직은 단순히 명예직이나 감투가 아니라, 카운티 내 학생들과 학부모들을 위한 봉사직으로, 누군가 그 자리를 맡았다면 자랑할 일이 아니라 오히려 봉사의 마음으로 끝까지 그 자리에 헌신해야 하는 것이다.

이와 비슷한 예로, 내가 속해 있는 브래딕 디스트릭트 민주당위원회를 들 수 있다. 몇 년 전, 많은 년 동안 위원장직을 수행했던 사람이 지금은 재정 담당 부위원장으로 자리하고 있다. 우리 동포 사회의 단체에서는 상상하기 힘든 일이지만, 중요한 것은 직책이나 명칭이 아니라 이어지는 봉사의 자세이다. 어떤 직책이든 봉사하고 싶은 마음만 있다면, 그 자리에 대한 구애 없이 모든 역할을 기꺼이 맡을 수 있어야 한다.

한번 회장직을 맡았더라도, 차기 회장이 그 사람을 부서장으로 필요한 인물로 인식하면, 그 자리에 대한 생각을 내려놓고 봉사의 자세를 가져야 할 것이다. 이렇게 봉사의 마음가짐을 가진 사람들이 많이 늘어난다면, 우리 동포사회의 단체들은 더욱 효과적으로 그 역할을 다하며, 동포 사회가 건강하게 발전하는 데 기여할 수 있을 것이다.

언어 공부
2021년 9월 17일

나는 2019년 말, 20년 이상 몸담았던 페어팩스 카운티 교육위원회에서 은퇴한 후 몇 가지 새로운 자원봉사 활동을 해 오고 있다. 그중에서도 가장 보람을 느끼면서도 동시에 도전이 되는 일은 이민자를 위한 ESL 수업과 성인들에게 한국어를 가르치는 것이다. 나는 책임 교사가 아닌 보조 교사로 활동하고 있다. 아직 제대로 된 교사 훈련을 받지 않은 내가 책임 교사 역할을 맡는 것은 무책임한 일이 될 것이기 때문이다.

나는 47년 전, 고등학교 시절에 이민을 왔다. 그렇기 때문에 한국어나 영어 어느 쪽도 완벽하게 구사한다고 자신할 수 없다. 영어에는 여전히 모르는 어휘와 표현이 많고, 한국어도 한국을 떠날 당시의 수준에서 크게 발전하지 않았다. 오히려 그동안 변화한 철자법과 문법을 고려하면 퇴보했다고 볼 수도 있다. 신조어는 더욱 생소하다. 그렇기에 학생들에게 잘못 가르치지 않기 위해서는 나 자신도 꾸준히 공부해야 한다. 수업에서 다룰 내용을 하나하나 확인하고 준비해야 하며, 이러한 과정이 나에게도 발전의 기회를 제공한다는 점에서 감사함을 느낀다. 그러면서 몇 가지 에피소드가 떠올랐다.

대학 시절의 일이다. MIT에서 화공학을 전공하던 친구가 졸업 논문을 준비하고 있었다. 그 친구 역시 나처럼 고등학교 때 미국으로 이민을 왔다. 친구의 부탁으로 내가 논문을 살펴보게 되었는데, 내용은 전혀 이해할 수 없었다. 그래서 영어 문장만 점검하기로 했다. 논문에서 가장 많이 등장하는 단어가 "풍선"을 의미하는 단어였다. 친구가 올바르게 "balloon"이라고 적어 놓았지만, 나는 자신 있게 모든 단어를 "baloon"으로 고쳐 놓았다. 친구 역시 내가 수정한 것이 맞다고 생각했다. 결국 그 논문이 어떻게 심사를 통과했는지는 지금도 미스터리다. 다행히도 친구는 이후 칼텍 대학원에 진학해 박사 학위를 받았다.

또 한번은 로스쿨 2학년 때의 일이다. 형사소송절차법을 배우던 중, 인근 경찰서에서 로스쿨 학생들에게 경찰관들의 야간 순찰을 참관할 기회를 제공했다. 경찰차 조수석에 앉아 경찰관의 업무를 직접 관찰하는 프로그램이었다. 혹시라도 범죄 현장을 마주하게 될까 봐 내심 긴장했지만, 다행히 특별한 사건은 발생하지 않았다. 그런데 운전하던 경찰관이 길가에 차를 세우더니 업무 보고서를 작성해야 한다고 했다. 그리고 보고서를 작성하다가 갑자기 내게 한 단어의 철자를 물었다. "호전적"이라는 의미의 단어가 "combative"인지, 아니면 "combatative"인지 헷갈린다는 것이었다. 순간적으로 나도 확신이 서지 않았다. 하지만 로스쿨 학생이 간단한 철자 하나를 모른다고 하거나 우물쭈물할 수도 없는 노릇이었다. 그래서 그냥 자신 있게 대답했지만, 결국 틀리고 말았다. 그날 이후 그 경찰관을 다시 만나지 않은 것이 다행이었다.

잘 몰랐던 단어 때문에 진땀을 흘린 적도 있었다. 그것도 로스쿨 시절의 일이다. 1학년 말, 시험 문제에 익숙하지 않은 단어가 등장했다. 뜻을 알아야 답을 쓸 수 있는데, 큰일이었다. 사전을 찾아볼 수도 없었고, 시간을 마냥 끌 수도 없었다. 결국 창피함을 무릅쓰고 앞에 앉아 계시던 교수님께 다가가 뜻을 잘 모르겠다고 솔직히 말씀드렸다. 교수님은 다른 로스쿨에서 우리 학교로 1년 동안 초빙된 분이었고, 해당 과목에서는 권위자로 통하는 연세 지긋한 학자였다. 내 말을 들은 교수님은 잠시도 주저하지 않고, 본인이 더 정확한 단어를 사용하지 않아 미안하다며 친절하게 설명해 주셨다. 너무 감사했다. 나의 부족함을 교수님이 당신의 부족함으로 덮어 주셨다는 느낌이었다.

최근에도 비슷한 경험이 있었다. 내가 보조하는 ESL 수업에서 크로스워드 퍼즐을 함께 풀고 있었는데, "감옥"을 의미하는 네 글자 단어를 맞혀야 하는 상황이 되었다. 당연히 "jail"이 떠올랐다. 그런데 첫 글자가 "g"였다. 같이 가르치던 교사가 영국에서 쓰는 단어 "gaol"이 바로 그 단어이며, 발음은 "jail"과 같다고 설명해 주었다. 나는 처음 들어 보는 단어였다. 의미도, 발음도 전혀 가늠할 수 없는 단어였다.

이런 경험들을 떠올리면, 언어 공부는 정말 끝이 없고 부단한 노력이 필요하다는 것을 다시 한번 실감한다.

아버지와 아들 맥켈빈
2012년 10월 12일

최근 버지니아주 샬러츠빌에서 열린 한 결혼식에 다녀왔다. 페어팩스 카운티 교육위원으로 함께 일하는 라이언 맥켈빈의 결혼식이었다. 그는 지난해 11월 선거에서 나와 함께 당선된 교육위원으로, 버지니아주 최연소 교육위원이라는 타이틀을 가지고 있다. 이제 겨우 스물여섯 살이니, 젊음과 패기가 가득한 나이다.

그가 교육위원으로 당선되기까지의 과정은 순탄하지만은 않았다. 광역 교육위원으로 출마하면서 민주당의 공식 지지를 요청했지만, 당시 정당이 지지할 수 있는 후보의 수는 제한되어 있었다. 결국 그는 지지를 얻지 못했고, 그 사실을 담담히 받아들이며 다음을 기약했다. 후원자들에게 감사 인사를 전하며 깨끗이 물러나는 모습이 인상적이었다.

그러나 얼마 지나지 않아 민주당의 지지를 받았던 후보 중 한 명이 중도하차하면서 상황이 달라졌다. 당은 새로운 후보를 지지해야 했고, 그 과정에서 맥켈빈은 경쟁자를 단 한 표 차로 이기며 공식적인 지지를 확보했다. 그 여세를 몰아 본선에서도 승리를 거두며 최연소 교육위원이 되었다.

결혼식에서 가장 인상적인 장면은 단연 아버지와 아들이 함께하는 모습이었다. 신랑의 베스트 맨으로 서 있던 사람은 지팡이를 든 노신사였다. 바로 그의 아버지였다. 아버지 맥켈빈과는 전에 만난 적이 있었지만, 결혼식에서 내내 아들 옆을 지킬 거라고는 생각하지 못했다. 일흔을 훌쩍 넘긴 나이에 불편한 몸을 지팡이에 의지하면서도 흐트러짐 없이 결혼식을 함께하는 그의 모습에서 아들에 대한 깊은 애정과 자부심이 느껴졌다.

맥켈빈의 아버지는 현재 페어팩스 카운티의 한 중학교에서 영어를 가르치는 교사다. 학생들을 가르치기 시작한 지 벌써 10년이 넘었다고 하니, 60대 중반에 새로운 도전을 한 셈이다. 교직에 들어서게 된 계기도 흥미롭다. 당시 중학생이었던 아들의 오케스트라 연주회에 참석했다가, 교장 선생님의 권유로 대체 교사로 일하기 시작했고, 이후 정식 교사가 되었다고 한다.

사실 그는 1961년부터 교직 생활을 시작했다. 처음에는 고등학교에서 교편을 잡았고, 이후 여자대학을 거쳐 사우스캐롤라이나 주립대학에서 정교수로 재직했다. 그러다 1979년, 카터 행정부 시절 정부 공문서에서 사용되는 용어를 정비하는 일을 맡으며 워싱턴으로 이주했고, 대학을 떠나 공직 생활을 시작했다. 이후 20년 동안 정부 기관과 공영 방송 관련 일을 하다가 1999년에 공식적으로 은퇴했다.

그러나 그는 단순히 쉬고 있을 수 없는 성격이었다. 가르치는 일이 즐거웠고, 특히 학생들의 글쓰기 능력 향상에 깊은 관심이 있었다. 학교를 졸업한 후 첫 직업이 신문 발행과 관련된 일이었으니, 글쓰기에 대한 애정이 남다를 수밖에 없었다. 그는 1978년부터 약 8년간 신문 칼럼니스트로 활동하며 800여 편의 글을 썼고, 지금도 그 글들을 교재로 활용하며 학생들에게 글쓰기의 중요성을 가르치고 있다.

그러나 그의 인생이 항상 순탄했던 것은 아니었다. 1990년에 첫 번째 심장마비를 겪었고, 작년 가을 백투스쿨 나이트에서 학부모들을 만나는 자리에서 다시 심장마비가 찾아왔다. 다행히 큰 사고로 이어지지는 않았고, 신속히 병원으로 옮겨져 심장 우회 수술을 받았다. 수술 후 12주 동안 회복 기간을 거친 그는 다시 교단으로 돌아왔다. 담당 의사는 "당신은 13~14세의 학생들과 함께 활발히 활동하니, 굳이 따로 재활 치료를 받을 필요가 없다"라고 말했다고 한다.

그가 학생들에게 가장 강조하는 것은 자신감을 가지라는 것이다. 누구나 각자만의 강점을 가지고 있으며, 그것을 믿고 발전시켜 나가야 한다는 메시지를 끊임없이 전하고 있다. 한편으로는 부모들에게도 조언을 아끼지 않는다. 자녀들에게 깊은 관심을 가지는 것은 중요하지만, 과도한 개입이 오히려 아이들의 자신감을 꺾는 경우를 자주 본다고 했다. 1960년대에 교편을 잡았던 시절과 비교했을 때, 요즘 부모들은 때때로 자녀들을 지나치게 보호하려는 경향이 강하다고도 덧붙였다.

결혼식장에서 나란히 서 있던 아버지와 아들의 모습이 아직도 선명하게 떠오른다. 그 장면은 단순한 가족애를 넘어, 교육자로서의 사명감과 헌신을 대물림하는 순간처럼 보였다. 그리고 그들이 보여 준 교육에 대한 열정에 깊은 감사의 마음이 들었다.[19]

---

19) 아버지 맥켈빈은 2020년 81세에 은퇴했고 아들 멕켈빈은 현재 나와 같이 교육위원으로 일하고 있다. 나처럼 2000~2003년은 쉬었기에 그는 현재 3선 위원이다. 예쁜 딸 둘을 두고 있는 학부모이기도 하다.

아버지 McElveen의 교실에서 생일 축하 방문 때(2019년)

생일 축하 방문 단체 사진. 교육감을 위시해 학교와 교육청의 직원들이 보인다

성숙한 이별
1999년 8월 3일 - The Washington Media

한 통계에 의하면 미국에 거주하는 부부 중 절반 이상이 한 번쯤은 이혼한다고 한다. 미국에 거주하는 한인들의 이혼율에 관한 정확한 통계는 발표되지 않았지만, 그 수치 역시 무시할 수 없을 만큼 높은 것으로 보인다. 나는 지난 15년간 변호사로서 여러 이유로 이혼하는 한인 부부들을 많이 접해 왔으며, 가능하면 피하고자 하나 당사자들에게는 반드시 이혼해야 할 이유가 있음을 이해한다.

그러나 다른 사람들보다 이혼하는 부부들을 더 많이 접했음에도 불구하고, 나는 여전히 '이혼'이라는 단어에 서먹함을 느낀다. 다소 거리를 두고 싶은 단어라는 인상이 들며, 때로는 이혼하는 사람들이 과연 피할 길이 전혀 없었는지 묻고 싶은 충동이 일기도 한다.

반면 미국인들은 이혼 사실에 대해 크게 부담을 느끼거나 내색하지 않는 듯하다. 물론 절반 이상이 이혼하는 현실 자체가 오히려 이상할지도 모르겠지만 말이다.

얼마 전, 나는 잘 아는 한 카운티 슈퍼바이저가 이혼했다는 소식을 듣고 깜짝 놀란 적이 있다. 주변 사람들은 이 슈퍼바이저가 오랜 기간 남편과 별거 생활을 해 왔기에 이혼 소식에 크게 놀라지 않는 모습을 보였다. 이혼 자체가 놀랄 일이 아닐 수도 있겠으나, 평소 그분의 표정이나 생활에서는 전혀 이혼을 예상할 만한 징후가 보이지 않아 필자에게는 충격적인 소식이었다. 나이도 50이 넘고 자녀들이 모두 결혼했으며 손주까지 만난 상황에서 이혼을 결심하다니, 나에게는 큰 놀라움으로 다가왔다.

더욱 놀라운 일은 이혼 결정 몇 달 후에 벌어졌다. 우연히 이 슈퍼바이저와 그 아들이 나눈 대화를 듣게 되었는데, 아들이 그에게 자기의 처가 근무하는 곳에서 자선기금 모임 행사가 있다며 참석을 권유한 것이었다. 그런데 그사이에 슈퍼바이저에게 애인이 생긴 모양이었다. 아들이 초청하며 둘이 함께 오라고 했다. 그러니 이는 아들에게 비밀도 아니었고 전혀 창피한 일도 아닌 듯 자연스럽게 받아들여졌다. 또한 슈퍼바이저가 그 애인에 대해 다른 사람들에게 자세히 소개하는 모습을 보며, 나는 우리 문화와의 뚜렷한 차이를 느낄 수밖에 없었다.

나의 놀라움은 여기서 그치지 않았다. 약 3주 전, 정기적으로 참석하는 모임에서 이 슈퍼바이저의 전남편을 만나게 되었다. 누군가의 초청으로 참석했으리라 생각했지만, 놀랄 수밖에 없었던 것은 이 모임에 슈퍼바이저와 그의 아들도 정규 멤버로 함께 있었다는 점이었다. 나중에 알게 된 바에 따르면, 그날 모임에는 아들이 초청하여 참석한 것이었다.

모임 장소 입구에서 등록을 위해 서 있는 동안, 나는 전 부인인 슈퍼바이저가 뒤쪽에서 걸어오는 모습을 보았다. 전남편을 마주하면 어떠한 반응을 보일지 궁금해하며, 일부러 눈을 피할지 혹은 얼굴을 마주치는 순간 고개를 돌릴지 상상해 보았다. 그런데 뜻밖에도 두 사람은 반갑게 서로 인사를 나누었고, 슈퍼바이저는 다른 사람들에게 직접 "전남편"이라 소개하기까지 했다. 식사 시간에도 이혼한 부부와 아들은 같은 테이블에서 함께 식사하며 전혀 불편해 보이지 않았다.

이혼이라는 것은 단순히 서로 미워서 생기는 것만은 아닐 것이다. 비록 미워서 헤어졌더라도 한때 깊이 사랑했던 사이였음을 감안한다면, 영원히 미워할 필요는 없겠지. 같이 살 수 없어 이혼을 선택했더라도 서로의 앞날이 잘되기를 진심으로 기원할 수 있으며, 특히 자녀가 있는 경우에는 최소한 친구 정도의 관계를 유지할 수 있는 자세와 여유가 필요할 것이다.

이처럼 슈퍼바이저와 그의 전남편, 그리고 아들이 함께 만나는 모습에서 한층 성숙한 이혼의 태도를 엿볼 수 있었다.

밥 사기 문화

2021년 6월 25일

　요즈음 고국의 정치권에서 가장 주목받는 인물은 국민의힘 당 대표인 이준석일 것이다. 그의 정치 철학이나 현안에 대한 생각이 나와 차이가 있을 수도 있겠지만, 그와 무관하게 한국 정치에 신선한 바람을 일으키고, 보다 발전된 대화와 토론, 그리고 민주적 절차 준수를 중심에 두는 역할을 해 주길 기대한다. 경험 부족으로 실수를 할 수도 있고, 배워야 할 점도 많겠지만, 여야를 떠나 주위에서 이를 이해해 주고, 이 대표 역시 겸허한 자세로 자신을 더욱 발전시켜 나가기를 바란다.

　지난주, 그는 여당 대표인 송영길과 만났다. 다섯 번의 국회의원 경력을 가진, 그리고 스물두 살이나 연상인 여당 대표와의 만남이 어땠을까 궁금했는데, 보도된 내용을 보니 두 대표 모두에게 좋은 점수를 주고 싶었다. 공개된 대화 중에서 이 대표가 식사를 제안한 부분이 특히 흥미로웠다. 그는 송 대표에게 "기회가 되면 제가 식사 한번 모시고, 어떻게 보면 값싸게 정치 경륜을 배울 기회를 만들고자 하는데 응해 달라"라고 했다. 이에 대해 송 대표는 웃으며 "정치권에서는 현역이 밥을 사는 것"이라고 답했다고 한다. 그러자 이 대표도 "이렇게 제안하고 얻어먹는다"라고 응수했다.

　이들의 대화를 접하면서 우리 한인들에게 밥을 함께 먹으며 대화하는 것이 얼마나 중요한 문화인지 새삼 깨닫게 되었다. 한인들 사이에서 가장 흔한 인사말 중 하나가 "우리 언제 밥 한번 같이 먹자"가 아닌가. 그리고 이런 한국적 정서를 떠올리다 보니, 교육위원으로 일할 때 '밥 먹기'에 대한 미국 문화의 차이를 배우게 되었던 경험이 떠올랐다.

초선 교육위원 시절, 워싱턴 포스트 신문사에는 페어팩스 카운티 교육위원회를 전담 취재하는 기자가 있었다. 교육위원들은 늦은 밤까지 회의를 마친 후, 회의장 근처의 식당에서 간단한 식사나 술 한잔을 하며 편하게 이야기를 나누곤 했다. 물론 세 명 이상의 교육위원이 사전 공지 없이 모여 교육과 관련된 논의를 하는 것은 금지되었기 때문에, 그 자리에서는 업무가 아닌 사적인 대화만 오갔다.

그런데 이 식당에 가끔 그 기자도 왔다. 그는 처음에는 다른 자리에 앉아 있다가도 때때로 교육위원들의 자리로 합석했다. 취재원과 기자의 관계였지만, 이런 비공식적인 자리에서는 격식을 덜고 보다 편하게 대화를 나눌 수 있었다. 그는 다른 사람들과 마찬가지로 술도 한두 잔씩 마셨다.

그런데 그는 자신의 술값만큼은 반드시 본인이 계산했다. 교육위원이나 교육청 홍보담당자가 대신 내는 것은 절대 허용하지 않았다. 술값이라고 해 봐야 얼마 되지도 않았지만, 원칙을 철저하게 지켰다. 이후 후임 기자들도 같은 방식을 유지했다. 만일 식사를 하면서 나를 인터뷰할 경우에는 본인이 식사비를 전액 부담하거나, 최소한 자신의 식사비만큼은 꼭 지불했다. 한국적 정서에서는 연장자가 비용을 부담하는 것이 일반적이지만, 이런 원칙 앞에서는 예외가 없었다.

또 다른 일도 있었다. 몇 해 전, 버지니아주 법무부 장관과 한국 식당에서 점심을 함께한 적이 있었다. 그는 당시 선거 준비 중이었고, 선거 참모 한 명과 동행했다. 대화의 주제는 선거와 관련된 내용뿐만 아니라 정책적인 부분도 포함되었다.

식사를 마친 후 내가 계산을 하려고 하자, 법무부 장관은 극구 사양했다. 금액과 관계없이 공직자는 다른 사람에게 식사를 대접받아서는 안 된다는 것이었다. 오히려 자신이 원해서 만난 자리이므로 본인이 지불해야 한다는 입장이었다. 게다가 선거 참모의 식사 비용은 선거 자금에서 지불해야 한다고 했다. 결국, 우리는 각자 자기 몫의 식대를 나누어 냈다.

이처럼 공직자의 식사 비용 처리에 있어 한국과 다른 문화에 적응하는 데는 시간이 걸렸다. 이번에 한국의 여당 대표가 야당 대표에게 "현역이 밥을 사야 한다"라고 했다는 이야기를 들으며, 다시금 문화의 차이를 이해하고 존중하는 것이 중요하다는 생각을 하게 되었다.

2018년 페어팩스 교육감과 경상남도 방문 때 한정식 점심 식사.
박종훈 교육감과 곽봉종 전 워싱턴 디씨 교육원장이 보인다. 박 교육감이 김해까지 와 주었다

반주(飯酒) 문화
2022년 7월 8일

팬데믹 이전, 내가 버지니아주 페어팩스 카운티 교육위원으로 일하던 시절, 매년 한 번씩 교육청의 고위 교육자들과 함께 한국을 방문했다. 한인 학생들을 비롯해 다양한 인종적, 문화적 배경을 가진 학생들이 다니는 페어팩스 카운티 공립학교에서 교육자들이 한국의 문화와 교육제도를 경험하는 것은 유익할 것이라는 생각에서였다.

한국에 가면 일선 학교를 방문하고, 교육자들과 교육청 관계자들을 만나 미국과는 또 다른 교육 방식과 교육에 대한 철학을 접하게 된다. 식사 자리도 여러 차례 마련되는데, 그때 미국인 교육자들에게 약간은 생소하게 다가오는 것이 한국의 반주 문화다.

단순히 저녁 식사뿐만 아니라 점심 식사 자리에서도 모임의 주최자가 술을 권하는 일이 종종 있다. 알코올 도수가 높지 않은 맥주 한두 병 정도는 자연스럽게 함께 나누는 분위기다. 처음에는 어색해하던 미국인 교육자들도 결국에는 로마에 가면 로마법을 따르라는 말처럼 분위기에 맞춰 술잔을 들게 된다. 그러나 정작 한국의 교육자들이 페어팩스를 방문했을 때는 우리가 술을 권하기가 쉽지 않다. 미국의 업무 환경에서는 여전히 엄격한 규정을 따라야 하기 때문이다. 이와 관련해 교육위원으로 활동하면서 경험했던 몇 가지 에피소드가 떠오른다.

교육위원으로 있던 시절, 비교적 오래전의 일이다. 평소 교육감에게 비판적이었던 한 교육위원이, 교육감이 술에 취한 채 교육위원회 회의에 참석했다고 문제를 제기한 적이 있었다. 그는 교육감이 회의 중 술 냄새를 풍겼고, 발언할 때 말끝이 흐려졌다고 주장했다. 특히, 교육감의 자리 배치상 바로 옆에 앉아야 했던 그 교육위원에게는 더욱 불편한 상황이었을 것이다.

나중에 교육감이 해명하기를, 회의 전에 중요한 손님과 저녁 식사를 하며 포도주를 약간 마셨다고 했다. 본인은 문제가 없다고 생각했지만, 옆자리에 앉아 있던 교육위원이 불편함을 느꼈다면 유감이라며 사과했다. 그리고 앞으로는 아무리 중요한 손님과의 만남이 있더라도, 당일 업무가 끝나기 전에는 술을 마시지 않겠다고 약속했다.

또 한 번의 일은 내가 교육위원회 의장으로 있을 때였다. 매년 한 번씩 교육위원회 사무실 스탭들의 노고를 격려하기 위해 점심 식사를 대접하는 전통이 있었다. 교육위원들이 비용을 나눠 부담하고, 식사 후에는 의장이 스탭들에게 반나절 휴가를 주는 것이 관례였다. 그때나 지금이나 직원들은 무엇보다도 시간을 선물로 받는 것을 가장 좋아했다.

그날 점심 식사 자리에서 반주로 포도주를 두 병 주문했다. 여러 명이 함께 나누었기 때문에 한 사람당 한 잔 정도의 양이었다. 그런데 스탭들 사이에서 미묘한 분위기가 감지되었다. 그들 중 일부는 상사의 눈치를 보며 술잔을 입에 대지 않았다. 교육위원회 의장이 허용하는 자리였지만, 여전히 금주 규정에 대한 경계심이 남아 있었던 것이다. 결국, 일부는 분위기에 따라 한 모금씩 마셨지만, 어떤 이들은 잔을 채운 채 손도 대지 않았다. 식사 후 공식적으로 퇴근이 허용되었음에도 불구하고, 업무 중 음주에 대한 엄격한 원칙을 철저히 지키려는 태도가 확연했다.

이러한 철저한 원칙을 지키는 모습은 최근에도 다시 확인할 수 있었다. 얼마 전, 토마스 제퍼슨 과학고 체육관 현판식[20]과 관련해 많은 도움을 주었던 교육청 관계자에게 감사의 뜻으로 점심을 대접할 기회가 있었다. 체격이 건장한 이 미국인에게 한국식 바비큐를 권했더니 반색하며 좋아했다. 식사가 무르익자 나는 그에게 맥주 한 잔을 곁들이겠느냐고 물었다. 그러나 그는 아직 그날의 업무가 끝나지 않았다며 손사래를 쳤다.

그래서 그냥 고기만 먹으며 이런저런 이야기를 나누었다. 시간이 지나며 대화가 더욱 깊어졌고, 어느 순간 다시 한번 맥주를 마시겠느냐고 조심스럽게 물었다. 그러자 그는 내 얼굴을 잠시 바라보더니 그러자며 웃음을 지었다. 바로 한국 맥주 두 병을 주문했다. 그리고 맥주가 나오기 전에 그는 휴대전화로 교육청에 반나절 휴가 신청을 했다. 점심 식사 후 바로 퇴근하겠다는 것이었다. 미국식 원칙을 이렇게까지 철저하게 따르는 모습이 새삼스럽게 다가왔다. 결국, 각자 맥주 두 병씩을 마시며 식사를 마무리했다. 나는 그를 보며, 미국이 이러한 원칙주의 덕분에 지금의 힘을 갖게 된 것이 아닐까 하는 생각을 하게 되었다.

---

20) 2021년 11월 페어팩스카운티 교육위원회는 미국에서 가장 우수한 고등학교 중 하나로 꼽히는 Thomas Jefferson High School for Science and Technology(토마스 제퍼슨 과학고)의 체육관을 Ilryong Moon Gymnasium(문일룡 체육관)으로 명명했다. 이는 나의 20년 이상의 교육위원으로의 공헌과 학생들의 체육 프로그램에 남다른 관심을 가지고 후원한 점을 인정해 준 것으로 나로서는 큰 영예였다.

페어팩스 교육감과 함께 전라남도 교육청 방문에서의 식사 자리(2018년 11월 1일)

애난데일 로터리클럽 어머니
2015년 7월 31일 - 2021년 5월 14일

지난 일요일은 미국에서 어머니의 날이었다. 한국에서는 하루 전인 5월 8일을 어버이날로 지정해 어머니와 아버지를 함께 기리는 반면, 미국에서는 따로 날짜를 정해 기념한다. 올해 아버지의 날은 6월 20일이다. 어머니는 10년 전에 돌아가셨기에, 전날인 한국의 어버이날에 아버지와 식사를 함께했다. 아버지는 평소처럼 정종을 한 잔 곁들였고, 나는 운전을 핑계 삼아 더 약한 것으로 대신했다.

그러나 그보다 앞선 두 주 전, 내가 멤버로 있는 애난데일 로터리클럽에서 오랫동안 어머니 같은 존재였던 그웬 코디 씨가 세상을 떠났다. 향년 99세, 분명 장수한 삶이었다. 하지만 그녀의 어머니가 104세까지 장수하셨기에, 코디 씨는 평소 어머니보다 더 오래 사는 것이 목표였다고 했다. 다섯 해가 모자란 것이 아쉬울 수도 있겠지만, 70대 중반에 세상을 떠난 내 어머니보다 사반세기를 더 살았으니, 슬픔만 가질 수는 없었다.

팬데믹으로 인해 로터리클럽의 대면 모임이 1년 이상 중단되면서, 그녀를 뵌 지도 오래되었다. 코디 씨는 웬만한 일이 아니면 간병사나 친지의 도움을 받아서라도 모임에 참석하려 애썼다. 90대 중반까지 직접 운전하며 활동했을 정도였다. 클럽 최초의 여성 회장직을 맡았으며, 1980년대에는 버지니아주 하원의원을 지냈다. 2차 세계대전 당시에는 프랑스 파리에서 암호 해독 임무를 수행하기도 했다.

성격이 쾌활하고 유머 감각이 뛰어나 나이와 상관없이 누구와도 스스럼없이 어울렸다. 90세를 넘어서도 부동산 중개업을 하며 고객을 안내했고, 몇 시간 거리의 자신의 농장을 직접 운전해 다녀오는 노익장을 과시하기도 했다. 오래전에 남편을 잃었지만, 그녀의 유머 감각은 타의 추종을 불허했다.

로터리클럽에서는 거의 매 모임마다 외부 인사를 초청해 강연을 듣는다. 그런데 강연이 끝난 후, 강연자가 남자일 경우, 코디 씨는 어김없이 같은 질문을 던졌다.

"혹시 싱글입니까?"

"그렇다면 저도 싱글이고, 현재 사귀는 사람도 없는데 저는 어떤가요?"

이 질문이 나오면 장내는 웃음바다가 되었다. 상대의 나이와 상관없이 던지는 이 농담에, 심지어 손자뻘 되는 초청 인사들도 당황하며 웃곤 했다. 그녀는 자신은 나이 차별을 하지 않는다고 주장하며, 웃으며 넘기곤 했다.

코디 씨와 나는 정치적 성향도 다르고, 교육 문제에 대한 견해 차이도 제법 컸다. 하지만 내가 교육위원으로 활동하는 동안, 그녀는 항상 따뜻한 응원을 보내 주었다. 아마도 그녀 자신이 과거 선출직 공직자로 활동했기에 더욱 공감하며 지지해 주었을 것이다. 가끔 읽어 보라며 신문 기사나 다른 사람이 보낸 편지들을 건네주기도 했다. 다음에 만나면 읽었는지 확인할 것이 뻔하므로, 싫더라도 대충이라도 읽어야 했다. 그런 방식으로 나와 다른 생각을 가진 사람들의 의견을 들어 보는 것이 중요하다는 것을 그녀는 몸소 가르쳐 주었다.

그녀가 97세 생일을 맞았던 2019년 4월의 일이 기억난다. 로터리클럽에서는 회원이 생일을 맞으면 보통 내가 생일 축하 노래를 선창하곤 했다. 이번에도 분명히 내게 부탁이 올 것이었다. 그런데 문득, 언제 또 그녀를 위해 노래를 부를 기회가 올지 모르겠다는 생각이 들었다. 그래서 평소라면 부끄러워서 하지 않을 일을 감행했다. 기타를 들고 알록달록한 고깔모자를 쓰고 생일 축하 노래를 불렀다. 그것이 그녀를 위해 부른 마지막 노래가 될 줄은 몰랐다. 크리스마스 파티 때면 항상 내게 한 곡 하라고 명령하곤 했는데, 이제는 그럴 기회조차 사라져 버렸다.

내 아버지가 몸이 좋지 않다거나, 이제 다 살았나 보다 하는 말씀을 가끔 하실 때면, 나는 늘 90대에도 활발하게 활동하는 코디 씨의 이야기를 해 드리고는 했다. 하지만 이제는 더 이상 그녀를 예로 들 수 없게 되었다. 그래서 지난 토요일 아버지와 저녁 식사를 함께하면서도, 코디 씨가 돌아가셨다는 이야기는 끝내 하지 않았다.

겨울은 아니지만 이종용의 「겨울아이」를 불렀다

5장
아버지와의 관계

여는 글

이 글을 쓰기 바로 전에 어느 고등학교에서 「Big Fish」라는 뮤지컬 한 편을 관람했다.[21] 아버지, 아들, 그리고 손자 — 그렇게 3대가 연결되는 배경을 담은 이야기였다. 그런데 이 뮤지컬에서 나에게 가장 큰 인상을 남긴 곡은 「Stranger」라는 제목의 곡이다. 나는 그 제목을 '낯선 자'라고 번역하고 싶다.

그 곡에는 곧 태어날 아들을 맞이할 준비를 하고 있는, 결혼한 지 얼마 안 된 아들이 자신과 자신의 아버지와의 관계에 대한 심정을 토로하는 내용이 담겨 있다. 어렸을 때 아버지가 해 주었던 여러 이야기들, 자신을 영웅처럼 그렸던 이야기들 — 과연 모두 믿을 수 있는 걸까, 정말 그런 일들이 있었던 걸까, 혹시 과장은 아니었을까 하는 의문이 항상 가슴속에 있었다는 것이다. 그리고 30년이 지난 지금도 아버지가 여전히 낯설게 느껴진다고 말한다. 그런데 그 낯선 사람이 사실은 자신이 오래도록 잘 알고 있는 사람이기도 하다고 말한다.

이 곡을 들으면서 나 역시 아버지가 해 주셨던 여러 이야기들이 떠올

---

21) 이 뮤지컬은 Andrew Lippa가 곡과 가사를 썼는데, Daniel Wallace의 1998년도 소설과, 2023년도에 나온 John August가 각본을 쓰고 Tim Burton이 감독한 영화를 바탕으로 만들어졌다. 2013년 4월에 첫 공연이 있었다고 한다.

랐다. 그 가운데에는 본인을 나름대로 영웅처럼 보이게 하는 이야기들도 있었다. 그리고 그런 이야기들을 아버지가 돌아가실 때까지 수십 년간 무수히 반복해 들려주었다. 같은 이야기가 반복될 때 나는 때로는 한쪽 귀로 듣고 흘리기도 했고, 이미 여러 번 들었다며 이제 그만해도 된다고 만류하기도 했었다. 아마 내 마음 한구석에서는, 혹시 과장된 이야기가 아닐까, 아니면 정말 그런 일이 있었던 것이 맞기는 한 걸까 하는 의문을 가졌던 적도 있었던 것 같다.

그런데 나도 이제는 장성한 두 아들들에게 그들이 자라날 때 많은 이야기를 해 주었음을 깨닫게 된다. 「Stranger」라는 곡을 들으며 우리 아이들도 혹시 내가 해 주었던 그 많은 이야기들을 어떻게 받아들였을까 생각해 보게 된다. 혹시 나를 낯설게 느끼지는 않았을까. 오래도록 곁에 있어 잘 안다고 생각했지만, 동시에 어딘가 낯선 자로 느껴지지는 않았을까.

사람들은 부모가 세상을 떠난 후에야 철이 든다고 한다. 그런 점을 모르지 않았지만, 나 역시 부모님 두 분 모두를 떠나보낸 후에야 비로소 정신을 차리게 된 것 같다.

아버지
2011년 3월 23일

나의 아버지는 또래 친구들의 부친들에 비해 상대적으로 젊은 편이다. 6.25 전쟁 당시 1.4 후퇴 때 북한에서 홀로 남하한 후, 가족이 그리워 일찍 결혼했기 때문이다. 어린 시절에는 아버지가 친구들의 부친보다 젊다는 것이 때때로 조금 창피하게 느껴지기도 했지만, 나이가 들면서 아버지께서 젊다는 것이 얼마나 감사한 일인지 깨닫게 되었다. 가능한 한 오래, 그리고 건강하게 함께하길 바라는 것은 모든 자식들의 공통된 바람일 것이다.

아버지는 10여 년 전에 은퇴했는데, 요즘 가장 즐기는 것이 라인댄스다. 나와 달리 아버지는 원래 몸이 유연하고 리듬감도 뛰어나 스텝을 잘 밟는다. 젊었을 때는 사교춤도 잘 추어서 주변 친구들에게 가르치기까지 했다. 라인댄스에 대한 열정이 남달라서, 때로는 몇 시간씩 컴퓨터 앞에 앉아 비디오 영상을 보며 스텝을 익힌다. 자식 된 입장에서는 아버지가 은퇴 후 비교적 여유로운 시간을 보내며 이렇게 좋아하는 취미를 가지고 있다는 것이 다행스럽다. 게다가 체력 단련에도 큰 도움이 되는 활동이라, 다른 분들에게도 권하고 싶다.

아버지는 손재주도 좋다. 이 또한 내가 물려받지 못한 부분이다. 집에 수리가 필요한 일이 생기면, 아버지가 핸디맨이 되어 해결해 준다. 전기나 배관 문제뿐만 아니라 부서진 가구까지 손수 고쳐 다시 쓸 수 있도록 해 주는데, 사실 아버지는 은퇴 후에도 아들에게 도움을 줄 수 있다는 사실에 은근한 자부심을 느끼는 듯하다. 그래서 때로는 일부러 아버지께 더 부탁을 드리기도 한다. 또한, 아버지는 눈썰미도 뛰어나 조립이 필요한 물건을 살 때면 나는 조립 설명서를 보고도 헤매지만, 아버지는 완성된 제품의 사진만 보고도 척척 조립해 낸다.

그런 아버지가 최근 몸이 불편하다며 전화를 했다. 두 주 가까이 속이 불편해 식사를 제대로 하지 못하였다고 했다. 나의 집에서 불과 5분 거리에 사는데, 그동안 몇 차례 찾아뵈었음에도 그런 말을 전혀 하지 않았다. 알고 보니 내내 식사를 걸렀던 것이다. 속상한 마음에 "몸이 불편하시면 바로 병원에 가셨어야죠"라고 말씀드리자, 아버지는 "그러다 말겠지" 하고 넘겼다고 했다. 평소 병원 가는 것을 꺼리는 분이지만, 그저 참고만 있다는 사실이 어처구니없었다.

그때가 주말이어서 월요일까지 기다린 후 곧바로 의사에게 연락해 위내시경 검사를 예약했다. 그런데 아버지가 가장 걱정하는 것은 본인의 건강이 아니었다. 몇 해 전부터 거동이 불편해진 어머니를 돌봐 온 터라, 혹시라도 본인이 수술이라도 받아야 하는 상황이 되면 어머니를 누가 돌볼 수 있을지 걱정이 컸던 것이다.

그동안 아버지가 워낙 건강하고 어머니를 잘 돌보아 왔기에, 나 역시 이런 문제를 깊이 생각해 본 적이 없었다. 그러나 이번 일을 계기로 현실적인 문제가 눈앞에 닥쳤다. 만약 어머니를 너싱홈으로 모셔야 한다면 바로 입주할 수 있는 시설이 있을지, 비용은 얼마나 될지, 전혀 준비되지 않은 질문들이 갑자기 떠올랐다. 그동안 노부모를 둔 주변 사람들이 겪는 문제들을 그저 막연히 바라보기만 했는데, 그것이 이렇게 갑자기 현실로 다가올 줄은 몰랐다.

아버지에게는 우선 내시경 검사 결과를 기다려 본 후 차차 생각해 보자고 말씀드렸지만, 만약의 경우를 대비해야 한다는 생각에 마음이 다급해졌다. 간병인을 고용할 수 있는지, 건강보험이나 메디케어에서 어떤 부분이 지원되는지 서둘러 확인해야겠다는 생각이 들었다.

다행히도 검사 결과는 심각하지 않았다. 수술이 필요한 상황은 아니었고, 약을 복용하면 나아질 수 있다고 했다. 덕분에 그동안 걱정했던 여러 가지 문제들을 당장 해결할 필요는 없어졌지만, 이번 일을 통해 부모님이 연로하다는 사실을 더욱 실감하게 되었다. 그리고 미리 준비해야 할 부분에 대해 너무 안일하게 생각하고 있었음을 반성하게 되었다.

그동안 주변에서 부모님을 떠나보내는 이들을 보면서도, 정작 내 부모님에 대해서는 그렇게까지 깊이 생각해 보지 않았다. 하지만 마냥 그렇게 생각해서는 안 된다는 것이 서글픈 현실임을 직면하게 되었다.

사실 그동안 부모님께서 돌아가신 후 묻힐 장지에 대한 이야기는 불경스러운 생각이라 입에 올리지 못했는데, 이번 일을 계기로 이미 오래전부터 두 분이 직접 장지를 준비해 두었다는 사실을 처음 알게 되었다.

괜히 슬퍼진다. 그냥 오랫동안 살아 계실 수는 없을까? 왜 우리는 모두 반드시 이별을 겪어야만 하는 것일까?

젠가 게임에서 나무 하나를 맨 아래에서부터 빼내려는 아버지 모습(2021년 4월 21일)

나와 아버지가 한 팀이 되어 우연히 만난 미국 자매팀과 대결을 벌였다

아버지의 반격
2020년 12월 25일 - 2020년 12월 11일

내 아버지는 아직 젊다. 한국전쟁 당시 고향인 북한에서 홀로 남하한 후, 가족 없이 지내는 외로움에 일찍 결혼했다. 그래서 나와는 띠동갑, 스물네 살 차이가 난다. 하지만 올해 87세인 숫자로만 보면 적지 않은 연세다. 그런 아버지는 고집이 세고 자존심도 강하다. 나 역시 그 점에서는 아버지를 똑 닮았다. 이렇게 성격이 비슷한 두 남자가 논쟁을 벌일 때면 그야말로 가관이다. 물론 내 입장에서 보면 아버지는 억지를 부리는 것이고, 나는 아버지를 논리적 모순에서 구해 드리려는 효심에서 비롯된 것이라 스스로 위안 삼는다.

팬데믹 이전에는 내 집에서 멀지 않은 곳에 혼자 사는 아버지와 정기적으로 만나 식사를 함께하곤 했다. 소주 한 잔을 곁들이며 과거의 이야기를 반복하는 아버지는 나와의 만남을 즐겼다. 새로운 식당을 찾아다니는 것도 좋아했다. 심지어 소주를 팔지 않는 미국 식당이라도 처음 가 보는 곳이면 흥미를 보였다. 그런데 그런 자리에서 아버지의 말씀을 듣다 보면, 가끔 논리적으로 맞지 않는 부분이 있어 내가 지적하게 된다. 그러면 대화는 곧 논쟁으로 번지곤 했다.

아버지는 종종 자신의 주장을 뒷받침하기 위해 인터넷 검색 결과를 제시한다. 나는 그럴 리 없다고 반박하며 다시 한번 제대로 확인해 보라고 한다. 이렇게 논쟁이 이어지다 보면 많은 경우 결론 없이 끝난다. 하지만 아버지는 여기서 멈추지 않는다. 집에 돌아가면 인터넷을 뒤져 추가 정보를 찾고 연구를 마친 후, 다음 만남에서 지난번 결론이 나지 않은 부분, 특히 내가 반론을 제기한 부분에 대해 반박 논리와 증거를 제시한다. 나는 아버지만큼 철저하게 추가 조사를 하지 않기에 종종 허를 찔린다. 그럴 때 내가 꺼내는 마지막 무기는 "인터넷에 나온 정보가 전부 정확한 건 아니다"라는 주장이다. 그러면 아버지는 내 주장이 논리적으로 부족하다고 한다. 나는 또다시 아버지가 그렇다고 맞받아친다. 결국, 결론 없는 팽팽한 대치가 이어진다.

그런 아버지가 최근에 교통사고에 연루되었다. 주차장에서 큰길로 좌회전하며 나오다가 직진하던 차와 부딪힌 것이다. 사고 현장에 가 보니, 그곳에서 좌회전하려면 중앙선 역할을 하는 노란 이중선을 넘어야 했다. 나는 아버지께 "이런 곳에서는 좌회전을 하면 안 됩니다. 불편하더라도 우회전을 해서 돌아가야 해요"라고 말씀드렸다. 그러자 아버지는 "미처 몰랐다"라고 했다. 사실, 운전하는 사람이라면 당연히 알고 있어야 할 기본적인 교통 규칙이지만 굳이 따지진 않았다.

일단 아버지를 픽업해 내 사무실로 모시고 가서 보험사에 연락을 취했다. 아버지의 차를 정비소로 견인해 달라고 요청하면서, 차 열쇠는 어떻게 하면 좋을지 물었다. 보험사에서는 처음에는 필요 없다고 했다가, 다시 연락이 와서 차에 갖다 놓아 달라고 했다. 그래서 다시 아버지와 함께 차가 있는 곳으로 돌아가야 했다.

가는 길에 문득 차가 있는 곳까지 가는 지름길이 떠올랐다. 그런데 그 길로 가려면 좌회전을 해야 했다. 차를 멈추고 좌회전 신호를 준 후, 직진하는 차들이 다 지나가기를 기다렸다. 그때, 옆에서 도로를 유심히 살펴보던 아버지가 낮고도 확신에 찬 목소리로 말씀하셨다.

"여기서 좌회전하려면 노란 이중선을 넘어야 하니 안 되는 것 아니냐?"

아하, 이 와중에도 아버지는 반격의 기회를 놓치지 않았다. 아버지의 순발력은 결코 87세 노인의 것이 아니었다. 그러나 그런 반격에 직면한 아들의 반응은 어땠을까? 힘주어 "물론 안 되지요"라고 말하면서도, 나는 좌회전을 감행했다.

나는 이 이야기를 내가 정기적으로 기고하는 신문에 칼럼으로 게재했다. 그리고 칼럼을 아버지가 접하면 분명 또 다른 반격거리를 찾을 것이라고 믿었다. 그러면 그걸 안주 삼아, 팬데믹 이후로 하지 못했던 소주 모임을 갖고 한판 붙어야겠다. 그러나 사실, 아버지가 여전히 반격할 수 있다는 사실 자체가 감사하다. 그것이 바로 내가 기억하는, 아직도 기가 팔팔한 내 아버지이기 때문이다.

그 칼럼이 실린 후 처음으로 아버지를 다시 뵌 건 며칠 후였다. 그 사이 아버지의 차는 폐차로 결정되었고, 차 안에 남은 물건을 챙기러 가야 했다. 내 차에 오르신 아버지는 갑자기 봉투 하나를 내밀었다. 은행에서 현금을 인출한 듯했다.

"오래 함께하지 못했으니, 식사라도 한 끼 하거라."

아, 누군가를 통해 내 칼럼 이야기를 들었구나. 어떻게 반응해야 할지 몰랐다. 봉투를 열어 보고 싶은 충동을 꾹 참고, 아버지를 댁에 모셔다드릴 때까지 기다렸다. 집 문을 열고 들어가는 아버지의 뒷모습을 보며 조심스럽게 봉투를 열었다. 그 안에는 빳빳한 백 달러짜리 지폐가 열 장이나 들어 있었다. '나 한 끼에 이렇게 많이 못 먹는데…' 스무 달러짜리 다섯 장 정도일 거라 예상했는데 뜻밖이었다. 부자도 아니고, 사회보장연금과 많지 않은 직장 은퇴연금으로 생활하는 분인데. 아버지의 큰 반격이었다.

다시 며칠 후, 아버지의 차를 함께 보러 갔다. 새 차를 살지, 중고차를 살지 고민하던 아버지는 이제 운전할 날도 얼마 남지 않았고 차를 자주 이용하지 않으니 새 차를 사는 건 낭비라고 했다. 아들인 내 입장에서는 어쩌면 마지막으로 차를 장만하는 게 될 수도 있으니 새 차를 사는 게 낫지 않을까 싶었다. 하지만 비용 부담은 내가 하는 것이 아니니, 억지로 권할 수는 없었다.

그날, 아버지는 일단 차 한 대를 시운전해 보고는 좀 더 생각해 보겠다고 했다. 댁으로 돌아가는 길, 아버지가 문득 말씀하셨다.

"애비야, 요즘 사무실 어렵지? 내가 죽어서 돈을 싸 가지고 가겠니. 만 불만 줄까?"

아, 이 노인네, 정말 나 미치게 하네! 새 차 구입은 돈 낭비라고 망설이던 분이, 이제 곧 60대 중반을 바라보는 아들에게는 선뜻 돈을 쓸 준비가 되어 있다. 정작 싸 가지고 갈 만한 돈도 없으면서. 팬데믹 이전과 같을 수는 없지만, 사무실 형편이 아직 괜찮다고 말씀드리며 나는 가슴이 뜨거워졌다.

내 칼럼을 아버지가 읽으면 분명 추가 반격거리를 찾아낼 거라고 생각했다. 하지만 아버지는 예상과 다르게 저녁 식사 용돈과 사무실 형편을 걱정하는 말씀으로 반격했다. 아버지는 반격의 고수다. 나는 어떻게 재반격할 수 있을까.

거의 일 년 내내 힘들었던 2020년을 보내며, 아버지는 내게 큰 선물을 주었다. 감사하다. 결국 아버지는 중고차를 구입했다.

아버지를 떠나보내며
2023년 2월 17일

아버지가 떠났다. 약 12년 전에 먼저 간 어머니를 찾아간 것이다. 90세 가까운 세월을 살았으니 장수했다고도 할 수 있겠지만, 100세까지도 거뜬하리라 믿었던 나에게는 충격이었다.

아버지가 돌아가신 지 3주가 지난 저번 주말, 장례를 마쳤다. 먼 곳에서 돌아가신 터라 시신을 이곳으로 모셔 오는 데 시간이 꽤 걸렸다. 장례는 아버지의 유언에 따라 가족들만 모여 조용히 치렀다. 50년 동안 이 지역에서 살았으니 아는 분들도 많았을 텐데, 아버지의 소식을 전하지 않고 가족들만 마지막 인사를 드린 것이 죄송스러웠다. 하지만 유가족과 친구들에게 번거로움을 주기 싫어했던 아버지의 성격을 생각하면, 그것 또한 아버지다운 선택이었다.

사람은 저마다 고유한 성격을 가지고 있지만, 아버지는 특히나 독특한 분이셨다. 변화를 싫어하는 것만큼이나 인내심이 강했다. 돌아가실 때까지 거의 매일 아침 식사로 라면을 들었다. 아무리 몸에 좋지 않다고 말씀드려도 소용이 없었다. "그렇게 나쁘면 내가 이렇게 오래 살 수 있었겠느냐?"라며 나로서는 반박하기 힘든 논리를 내세웠다. 그래도 다행인 것은, 어느 순간부터는 혈압에 좋지 않은 염분 섭취를 줄이려고 라면수프 양을 절반 이상 줄였다는 점이다.

미국으로 취업 이민을 온 후 은퇴할 때까지 단 한 직장에서만 근무했다. 영어를 잘 못했기에 승진은 바라지 않았지만, 전동기 수리 기술에 대한 자부심은 누구보다 강했다. 워싱턴 디씨의 연방정부 건물에 있는 냉난방 장치의 상당수를 직접 수리했다고 늘 자랑했다. 우리 가족보다 1년 먼저 미국에 와 일하는 동안, 월급이 너무 적어 식구들을 부양하기 어렵다며 사직을 선언해 파격적인 임금 인상을 받아 냈다는 아버지의 무용담은 아무리 반복해도 듣는 이도, 말하는 이도 질리지 않는 이야기였다.

직장 생활을 하는 동안 아버지의 점심은 늘 볼로냐 샌드위치였다. 수십 년간 메뉴가 바뀐 적이 없었다. 어떻게 같은 음식을 그렇게 오래 질리지 않고 먹을 수 있는지 불가사의했다. 퇴근 후 저녁 식사를 마치면, 취미라고는 오직 저녁 테이블에 앉아 몇 시간씩 포커 카드로 패뜨기를 하는 것이었다. 그것도 매일같이.

그런 아버지가 본인이 살던 작은 타운하우스를 정리하고 성인 데이케어 시설이 있는 요양원에 들어갔다가, 적응을 하지 못하고 나온 것은 뜻밖이었다. 그 후 내 집에서 몇 주 머물다가, 결국 세 자녀 중 유일하게 직장에서 은퇴한 여동생이 아버지를 돌보는 것이 가장 적절하다는 판단이셨다. 동생 집으로 모셔 간 후 처음에는 무리 없이 지내셨다. 하지만 일주일 정도 지나 아버지의 상태가 급격히 나빠졌다는 소식을 들었다.

나는 곧바로 비행기표를 구해 다음 날 아버지께로 달려갔다. 열몇 시간의 비행 끝에 도착해 뵌 아버지는 많이 야위어 있었다. 매제와 함께 아버지를 부축해 식탁에 모시고, 아버지가 좋아하는 소주를 따라 드렸다. 나도 함께 두어 잔을 들이켰다. 그리고 얼마 후, 아버지는 잠자리에 들었다. 나는 아버지 옆에 누워 손을 잡았다. 살은 많이 빠졌지만, 여전히 단단한 뼈가 느껴졌다. 그동안 아버지를 돌봐 온 여동생과 매제에게 하룻밤이라도 제대로 자라고 집으로 돌려보냈다.

그렇게 아버지 곁에서 하룻밤을 보냈고, 다음 날 밤 비행기로 다시 집으로 돌아왔다. 일을 좀 보고 하룻밤을 더 잔 뒤, 새벽에 동생에게서 메시지가 왔다.

"아버지가 떠났어."

무려 55시간의 깊은 잠을 뒤로하고 말이다.

메시지를 받자마자 가장 먼저 떠오른 것은 뉴욕에 사는 둘째 아들이었다. 보스턴에 있는 큰애는 갓 태어난 아이 때문에 움직일 수 없지만, 둘째는 그날 아침 비행기를 타고 할아버지를 뵈러 가기로 되어 있었다. 급히 둘째에게 연락하니, 이미 고모에게 소식을 들었다고 했다. 그리고 비행기표를 취소할 새도 없이, 나와 함께 있고 싶어 지금 기차를 타고 내려오고 있다고 했다.

아버지를 떠나보낸 슬픔과, 속 깊은 둘째에 대한 고마움이 뒤섞였다. 갑자기 눈시울이 뜨거워졌다.

하와이의 내 큰 여동생 집으로 떠나가시기 며칠 전 2023년 설날에 내 집에서 같이 노래 부르시던 모습

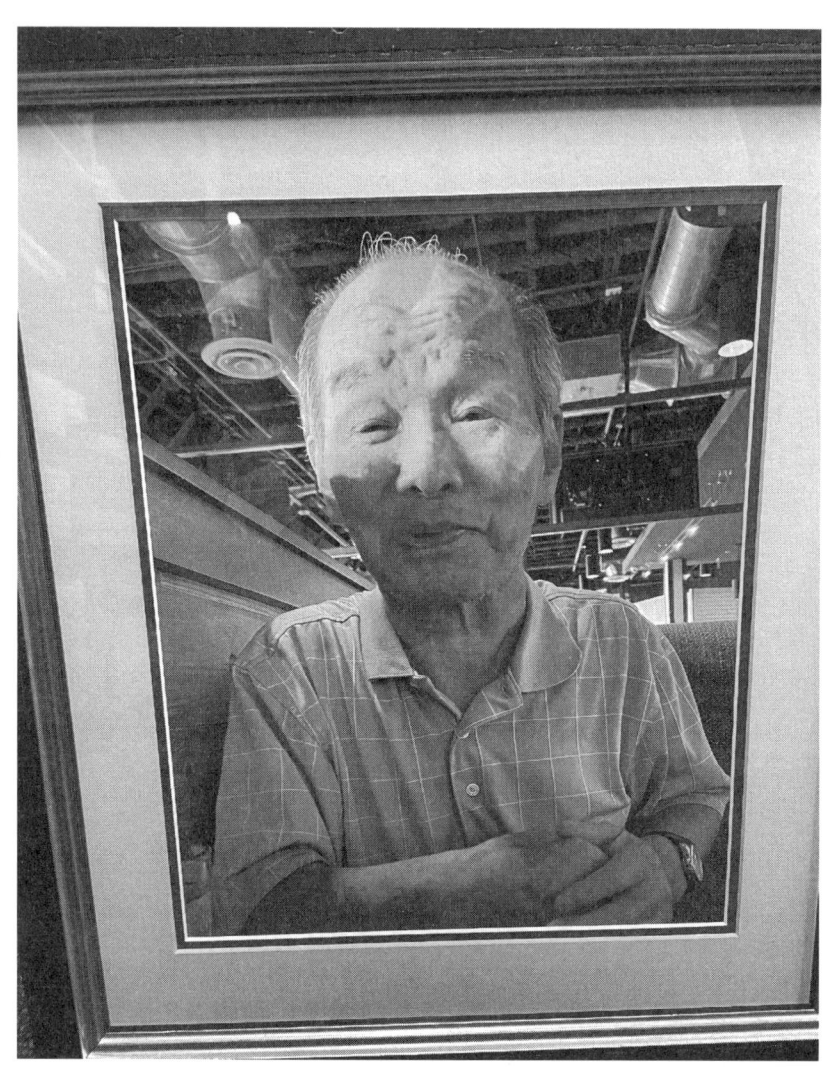

맥주 한잔하시면서(2022년 7월 23일). 영정 사진으로 사용

아버지에게 못다 한 말
2024년 6월 14일

이번 주 일요일은 미국에서 '아버지의 날'이다. 어머니의 날만큼은 아니지만, 그래도 꽃가게에는 손님이 많고, 식당은 가족 모임으로 북적인다. 나도 장성한 두 아들이 있고, 이제는 할아버지가 되었으니 아버지의 날에는 '대접' 좀 받아도 되지 않나 싶지만, 아직도 이날이 되면 나 자신보다 먼저 아버지가 떠오른다. 그러나 작년 초 아버지가 돌아가신 이후, 벌써 두 번째 아버지의 날을 맞으며 더 이상 챙겨 드릴 아버지가 없다는 사실이 씁쓸하게 다가온다.

아버지는 돌아가시기 전, 여동생이 사는 하와이로 거처를 옮기기로 결정했다. 건강이 급격히 악화되었기에, 세 자녀 중 은퇴한 딸이 아버지를 돌보는 것이 가장 현실적인 선택이었다. 하지만 50년 가까이 살아온 익숙한 지역을 떠나 낯선 곳으로 간다는 것은 쉬운 결정이 아니었다. 장남인 나 역시 그 결정을 받아들이기가 쉽지 않았다. 하지만 여동생보다 내가 더 나은 보살핌을 해 드릴 수 없는 처지였기에, 결국 순응할 수밖에 없었다.

떠나시기 몇 달 전, 병세가 악화되어 침대에 누워 있는 시간이 많아졌다. 뉴욕에 사는 내 둘째 아들과 여동생의 아들, 그러니까 캘리포니아에서 온 손자가 할아버지에게 마지막이 될지도 모르는 인사를 드리기 위해 찾아왔다. 그 두 녀석은 침대 곁에 앉아 조용히 할아버지의 말씀을 들어 드렸다. 그리고 마른 손을 꼭 잡으며, 자신들에게 베풀어 주었던 것들에 대해 감사 인사를 전했다.

그 모습을 보며 나는 잘했다고 생각했다. 하지만 정작 나는 차마 그런 인사를 드리지 못했다. 하와이로 가면 건강을 회복하고 다시 버지니아로 돌아와 백 세까지 살겠다고 했던 아버지의 말씀을 듣고도, 그 가능성이 크지 않다는 사실을 알고 있었기에 마음이 아팠다. 다시는 뵙지 못할 수도 있다는 생각이 스쳤지만, 작별 인사처럼 들릴 말은 차마 할 수 없었다. 아니, 하고 싶지 않았다. 그런 가능성을 받아들이는 것조차 힘들었기 때문이다.

한국전쟁 중 열일곱 살 어린 나이에 홀어머니와 두 남동생을 해주에 남겨 두고 홀로 남한한 아버지는 평생 쉽지 않은 삶을 살았다. 자식들과 가족을 위해 아버지가 감당했던 희생, 특히 어려운 재정 형편 속에서도 나를 위해 아낌없이 뒷바라지해 주었던 기억이 떠올랐다. 하지만 그럼에도 불구하고, 그 순간에는 아버지께 감사 인사를 드릴 수 없었다. 그런 말은 아버지가 건강을 되찾고 다시 돌아온 후에나 하겠다고 가슴 속 깊이 눌러 두었다.

또 한 가지, 드리지 못한 말이 있다. 이제 막 한 달 된 나의 손녀, 그러니까 아버지의 갓난 증손녀를 보러 가야 하지 않겠느냐는 물음이었다. 아직 어려서 먼 여행을 할 수 없는 아이를 두고, 하와이까지 가기 전에 한번 보러 가야 하지 않겠냐고 묻고 싶었다. 증손녀도 증조할아버지를 한번 안아 볼 권리가 있고, 그런 모습을 사진으로 남겨야 하지 않겠냐고 말하고 싶었다. 하지만 그 말도 하지 못했다. 그 말이 마치, 하와이행이 마지막 여행길이 될 수도 있다는 뜻으로 들릴까 봐. 그리고 그 사실을 아버지께도, 나 자신에게도 인정하고 싶지 않았기 때문이다.

아버지는 결국 하와이로 떠났고, 그 후 불과 2주 만에 다시 더 먼 길을 나섰다. 그렇게 빨리 이 세상을 떠날 줄은 정말 몰랐다. 사람의 마지막 길이 언제가 될지는 아무도 알 수 없다는 진리를, 그렇게 실감하게 되었다.

이제 곧 다가올 아버지의 날을 맞으며, 아버지가 떠나기 전에 내가 하지 못했던 말들을 정말 하지 말았어야 했는지, 아니면 용기를 냈어야 했는지 아직도 판단이 서지 않는다.

한 가지 확실한 것은, 아버지가 살아 있다면 좋아하던 생선회와 초밥을 안주 삼아 따끈한 정종 한 병을 함께 나누었을 텐데, 올해는 그럴 수 없다는 아쉬움이 크다는 것이다.

그리고, 만약 다시 한번만 더 뵐 수 있다면, 평생 한 번도 직접 전해 드리지 못했던 말을 꼭 하고 싶다.

"아버지, 사랑합니다."

생명

2022년 12월 23일

또 한 해가 저물어 간다.

기독교인이 아니더라도 내일은 크리스마스이브, 그리고 모레는 크리스마스라 마음이 설레는 시기다. 기독교인들에게 예수의 탄생만큼 중요한 생명의 등장은 없을 것이다. 말구유에서 시작된 작은 생명이 지난 이천 년뿐 아니라 인간 역사 전체의 중심에 있다고 믿는 신앙의 기초가 되었으니 말이다.

요즘처럼 '한 생명의 존재 의미'에 대해 깊이 생각해 본 적이 없다. 지난 주말, 첫 손주를 만났다. 세상에 태어난 지 일주일밖에 되지 않아 내가 직접 찾아갈 수밖에 없었다. 먼 길을 달려가 하룻밤밖에 함께하지 못했지만, 새 생명이 가져다주는 흥분과 희망만큼 소중한 것도 없음을 새삼 깨달았다.

또한 이렇게 작은 존재가 있구나 하고 놀라면서, 무력한 한 생명이 자립할 수 있을 때까지 얼마나 많은 사람의 사랑과 보살핌이 필요한지를 다시금 생각해 보았다. 그러면서 우리 주변의 모든 사람이 이러한 과정을 거쳐 오늘의 모습에 다다랐을 것이라는 사실을 떠올리게 되었다. 결국, 우리는 모두 누군가의 사랑과 보살핌 속에서 성장한 존재들이다. 그렇다면 새해에는 더욱 진심으로 주위를 대해야겠다는 다짐을 하게 된다.

하지만 요즘, 생명의 존재에 대한 생각 속에서 서글픔이 찾아오는 부분도 있다. 바로 아버지의 건강이다. 누구보다 건강하시다고 믿었던 아버지께서 갑작스럽게 약해지시는 모습을 보면서, 가까운 한 생명과의 이별을 준비할 마음의 준비가 얼마나 부족한지를 깨닫는다. 10여 년 전 어머니를 먼저 보내 드렸던 경험만으로는 부족함을 절감한다. 그리고 내가 아버지를 위해 해 드릴 수 있는 것이 많지 않다는 사실이 가슴 아프다.

얼마 전, 아버지가 이런 말씀을 하셨다고 한다.

"젊었을 때는 가장으로서 집안을 책임져야 했기 때문에 살 수 있었다. 그리고 나이 들어서도 건강했기에 주위의 어려운 사람들을 도우며 살았다. 그런데 이제 책임질 사람도 없고, 건강도 잃어 도움도 줄 수 없다. 예전 친구들도 거의 다 먼저 떠난 지금, 삶이 더 이상 의미가 없다."

멀리서 아버지를 간호하기 위해 온 여동생을 통해 들은 이야기였다. 만약 직접 들었다면, 나는 어떤 반응을 보였을까.

그런데 아버지께서 말씀하신 '삶의 의미'라는 주제는 나 또한 최근 들어 진지하게 고민해 보고 있는 부분이다. 올해, 나도 메디케어 카드를 받았다. 미국에서 공식적으로 '노인'의 범주에 들어가게 된 것이다. 언제가 적절한 은퇴 시점인지, 그리고 은퇴 후 남은 시간은 어떻게 보내는 것이 가장 바람직할지 고민하게 된다.

얼마 전, 공개된 자리에서 우리 모두에게 주어진 세 가지 'T'에 대해 이야기한 적이 있다. Treasure(재물), Talent(재능), 그리고 Time(시간). 나는 재물에 있어서는 자랑할 것이 없다. 하지만 만약 나만의 재능이 있다면 그것을 가장 선하게 사용할 방법은 무엇일까. 또한, 남은 시간이 얼마인지는 모르지만, 그 시간을 어떻게 쓰는 것이 가장 의미 있고 보람될 것인가.

2019년 말, 25년간의 겸직 공직 생활에서 은퇴한 후 지난 3년간 나에게 주어진 시간과 재능을 어떻게 활용했는지 되돌아본다. 팬데믹이라는 특수한 상황도 있었지만, 과연 만족스러웠는가. 그리고 앞으로 어떻게 해야 후회 없이 보낼 수 있을까.

지난 주말, 새로 태어난 손주의 얼굴을 천천히 바라보며 스스로에게 물었다.

'이 아이가 자랄 때, 나는 어떤 이야기를 들려줄 수 있을까?'

그리고 언젠가 이 세상을 떠날 때까지 손주가 기억하는 할아버지는 어떤 모습일까. 나는 어떤 삶을 살았다고 남길 수 있을까.

새해를 맞으며, 이 질문에 대한 답을 찾고 싶다.

6장
자식 이야기

여는 글

아마 자식 이야기처럼 할 말이 많은 주제도 없을 것이다. 평생 주어도 부족하다 싶은 사랑이지만, 때로는 밉기도 한 것이 자식일 수 있다. 잘할 때는 한껏 칭찬해 주다가도 조금만 잘못하면 실망할 수도 있다. 그리고 아무리 잘해도 '더 잘할 수는 없을까' 하는 욕심을 가지는 것이 보통 부모들이 아닐까 싶다. 부모가 하지 못했던 것을 자식에게는 다 할 수 있도록 해 주고 싶으면서도, 한편으로는 자신은 그러지 못했으면서 자식에게는 기대를 걸어 보기도 한다. 그러고는 "다 너 잘되라고 그러는 거야"라는 변명 아닌 변명을 둘러대기도 한다.

부모와 자식의 시각이 전혀 다를 수 있다는 것을 머리로는 이해하지만, 가슴이 따라 주지 않아 갈등이 빚어지기도 한다. 자식들 사이에 차별 없이 대해야 한다는 철칙을 잘 지킨다고 생각하지만, 자식들 눈에는 그렇지 않게 비칠 때도 있다. 부모가 해 준 만큼 자식이 보답하지 않거나 인정하지 않을 때는 서운하기도 하다.

자식들에게 얼마만큼 조언을 해 주는 것이 적절한지 고민할 때도 있고, 어디서부터가 잔소리로 들리는지 가늠이 안 될 때도 있다. 그렇다고 그냥 보고만 있자니 방임하는 것 같고, 정말 아무 말 없이 간섭하지 않고 자식을 키우는 부모가 어디에 있겠는가.

미국에서 태어난 우리 두 아들은 이제 30대 중후반이 되었다. 큰아들은 결혼해 나를 할아버지로 만들어 준 지 벌써 2년 반이나 된다. 그러나 작은아들은 아직 결혼을 하지 않아 신경이 쓰이지 않을 수 없는데, 그것 또한 말 한마디 잘못했다가는 본전도 못 건질 것 같아 나오려는 말을 꾹꾹 눌러 참는다. 내가 자라면서 부모님들이 잔소리를 별로 안 하셨으니 나도 당연히 그래야 하는데, 40년간 말로 먹고 산 변호사라는 직업병이 가끔 도지기도 한다.

그래도 아이들을 키우면서 '이다음에 꼭 이런 일을 해야 한다'는 식의 강요는 안 했다고 자부한다. 아이들이 어느 진로를 택하든 그 선택을 존중하고 열심히 응원했다. 아, 그러고 보니 바로 전 문장은 조금 수정해야겠다. 가능하면 의사는 되지 말라고는 했다. 왜냐하면 똑똑한 아시안 학생들 가운데 의대 지망생들이 지나치게 많아 보였고, 가능하면 다른 분야에 진출해 보라고 권했던 것이다. 그리고 그 점에 대해서는 후회가 없다.

부자지간(父子之間)
2011년 6월 16일

지난 주말, 페어팩스 카운티의 레이크 브래덕 중·고등학교에서 열린 밴드 음악회는 여러모로 깊은 감동을 안겨 주었다. 교육위원으로 활동하면서 학교 음악회에 자주 초대를 받지만, 이번 공연은 특히 의미가 남달랐다. 지난 20년간 학교 밴드의 지휘를 맡아 온 로이 홀더 선생님이 전국 밴드 협회 회장을 맡게 되면서 학교를 떠나게 되었고, 이날 음악회는 그의 지휘자 은퇴를 기념하는 특별한 무대였다.

750석 규모의 강당은 사람들로 가득 찼을 뿐만 아니라, 좌석이 부족해 사방에 추가 의자를 놓고 앉아야 할 정도였다. 특히 마지막 곡인 차이코프스키의 「1812 Overture」가 연주될 때는 약 150명의 졸업생이 185명의 재학생 밴드 멤버들과 함께 무대에 올라 연주를 펼쳤다. 그 순간의 감동은 이루 말로 표현할 수 없었다. 곡의 마지막 부분에서 울려 퍼지는 대포 소리와 종소리는 마치 1812년 전쟁 당시, 무적이라 여겨졌던 프랑스군을 퇴각시킨 러시아의 위용과 감격을 그대로 재현하는 듯했다.

하지만 그날의 공연에서 「1812 Overture」 못지않게 내게 깊은 인상을 남긴 장면이 있었다. 졸업반 학생 한 명이 아버지와 함께 트럼펫 듀엣으로 「Tennessee Waltz」를 연주하는 순간이었다. 그 학생이 솔로 연주를 마친 후 무대 중앙에 그대로 서 있자, 평소 밴드 활동을 위해 자원봉사를 많이 해 오던 그의 아버지가 특별 초대를 받아 무대에 올랐다. 무대로 향하는 아버지가 움켜쥔 오른손 주먹을 아들의 주먹에 가볍게 부딪히자, 아들은 그런 아버지의 어깨를 감싸안았다. 그 모습은 부자(父子)라기보다는 오랜 친구처럼 보였고, 연주된 「Tennessee Waltz」보다 더 감미롭게 다가왔다.

그 장면을 보며 문득, 나와 아버지가 함께할 수 있는 것이 무엇일까 생각해 보았다. 아버지와의 관계가 나쁘지는 않지만, 그렇다고 늘 원만했다고도 할 수 없다. 그 세대의 부모님이 대부분 그러하듯, 아버지는 애정 표현에 익숙하지 않으셨다. 어린 시절 아버지는 자신의 아버지를 여의고 홀어머니 밑에서 자라셨고, 한국전쟁이 발발했을 때는 고등학생의 어린 나이에 홀로 남하하셨다. 이후 수많은 어려움을 극복하며 살아오신 아버지는 강한 고집을 가지게 되셨고, 나는 그런 아버지의 방식에 적응하지 못해 힘들어했던 기억이 많다.

한국에서도, 미국에서도 아버지와 다정하게 대화를 나누거나 무언가를 함께할 기회는 많지 않았다. 나 역시 여러 가지 일로 바쁘게 살다 보니 아버지와 보내는 시간이 줄어들었다. 어릴 때는 가끔 바둑이나 장기를 두곤 했지만, 마지막으로 아버지와 그런 시간을 보낸 지 벌써 40년이 되어 간다. 그러다 문득 연주회 다음 날, 일요일 아침 일찍 아버지께 전화를 드려 산책이라도 함께 하시겠냐고 여쭤보았다. 그러나 아버지는 예상대로 무뚝뚝한 반응을 보이셨다.

그 순간, 내 안에 또 다른 질문이 떠올랐다. 나는 아버지로서 내 아들들과 함께할 수 있는 것이 무엇일까?

아이들이 어렸을 때는 축구나 농구, 카드놀이를 함께 할 수 있었지만, 시간이 흐를수록 같이할 수 있는 것이 점점 줄어드는 것을 실감한다. 대화를 시도해도 아들들은 가능한 한 빨리 대화를 끝내려 한다는 느낌을 받을 때가 많다. 물론 이제 막 독립을 시작하는 20대 초반의 나이이기에 무엇이든 혼자 해 보려 하고, 부모와 함께하는 것을 피하는 시기일 수도 있다.

그러던 어느 날, 집 지하실에서 1층으로 올라가는데 마침 큰아들이 뒤따라 올라오게 되었다. 그런데 갑자기 녀석이 장난기 어린 얼굴로 내 엉덩이를 손가락으로 쿡쿡 찌르는 것이 아닌가. 순간적인 장난이었지만, 그때 나는 말로 표현할 수 없는 따뜻함을 느꼈다. 마음 같아서는 "앞으로 자주 그래 줘"라고 부탁하고 싶을 정도였다. 어릴 때처럼 부담 없이 장난을 걸어 주었으면 좋겠고, 친구처럼 편안하게 대해 주었으면 하는 바람이 생겼다.

그러다 문득, 아버지도 혹시 나처럼 아들이 먼저 다가와 장난을 걸어 주길 기다리고 계실지도 모른다는 생각이 들었다. 표현이 서툴 뿐, 아버지도 나와 같은 마음이지 않을까. 그런데 나는 그런 아버지의 바람을 외면하고 있었던 것은 아닐까.

이쯤 되니, 다음에 아버지를 뵙게 되면 나도 아들에게 배운 대로 한 번 장난을 걸어 볼까 하는 생각이 들었다. 몰래 뒤로 돌아가 두 손가락으로 아버지의 엉덩이를 푹푹 찌르면 어떤 반응을 보이실까? 우습지만, 나름 진지하고 심각한 고민이 생겼다. 오십 대 아들의 어린아이 같은 장난에 깜짝 놀랄 아버지의 반응이 무척 궁금해진다.

남자들 3세대가 메릴랜드주 세인트마이클에서 게 파티를 하기 직전(2016년 9월 18일)

자녀들이 실수할 때
2021년 10월 15일

며칠 전, 코로나 백신 부스터 접종을 받기 위해 집 근처 슈퍼마켓에 있는 약국을 찾았다. 미리 예약을 했지만, 약간 기다려야 했다. 대기실에는 코로나뿐만 아니라 독감 백신을 맞기 위해 기다리는 사람들도 많았다. 덕분에 어린아이부터 어르신까지 다양한 연령층이 보였다.

내 맞은편에는 40대로 보이는 백인 아버지가 어린 딸 셋과 함께 앉아 있었다. 아버지와 큰딸은 대화를 나누고 있었는데, 큰딸은 이제 막 운전면허 취득을 준비하는 듯했다. 그러다가 과거에 일본에서 살았던 이야기로 화제가 바뀌었다.

그 순간, 큰딸이 나를 힐끗 쳐다보더니 아버지에게 조용히 무언가를 속삭였다.

내가 아시안인 것을 의식한 듯했다.

아버지는 말투를 조심하려는 듯했고, 나는 그 모습이 오히려 어색하게 느껴졌다.

'나는 일본 사람이 아닌데… 그리고 별로 나쁜 이야기도 없었는데….'

그렇게 조심하는 게 도리어 불편하게 다가왔다. 순간적으로 분위기를 바꿔 보고 싶어, 나는 말을 걸었다.

"따님이 이제 운전면허를 취득하려나 보네요? 축하드립니다. 저희 애들도 고등학교 때 운전면허를 땄는데, 그때가 떠오르네요. 요즘도 부모가 40시간 정도 운전 연습을 도와줘야 하죠?"

아버지가 고개를 끄덕이며 "네, 맞아요"라고 대답했다.

"저도 토요일 이른 아침마다 고등학교 주차장에서 연습을 시켰어요. 첫날은 후진 연습부터 시켰는데, 쉽지 않더라고요. 따님은 평행주차는 잘하나요?"

아버지가 웃으며 "아직 그 단계까지는 못 갔어요"라고 했다.

"아, 그럴 수 있죠. 그런데 면허를 따고 나면 보험료가 확 올라가더라고요. 저는 그렇게까지 많이 오를 줄은 몰랐어요. 놀랐죠. 그런데 더 재미있는 게 뭔지 아세요? 몇 년 전까지만 해도 대학원에 다니던 둘째가 제 보험에 올라가 있었는데요. 어느 해부터인가 보험 갱신 때 제 보험료가 둘째보다 더 비싸진 거예요. 즉, 보험사에서 제가 아들보다 사고를 낼 확률이 더 높다고 본 거죠. 그 말이 적잖이 충격적이었는데, 그래도 애써 태연한 척했죠. 하하!"

아버지가 재미있다는 듯 고개를 끄덕였다. 분위기가 조금 풀린 듯했다.

나는 계속해서 이야기를 이어 갔다.

"근데요, 저희 집 큰애가 면허 딴 지 얼마 안 됐을 때 처음 사고 낸 장소가 어딘지 아세요?"

"어디였나요?"

"다른 곳도 아니고, 우리 집 드라이브웨이였어요!"

아버지가 깜짝 놀란 표정을 지었다.

"믿기 어렵죠? 면허 따고 얼마 안 돼서 어느 날 저녁, 잠깐 나갔다 오겠다고 하더라고요. 조심해서 다녀오라고 했죠. 그런데 나간 지 얼마 되지도 않아 다시 돌아왔어요. 벌써 다녀왔냐고 물었더니, 머뭇거리면서 '아빠… 차를 후진하다가 엄마 차를 긁었어…'라고 하는 거예요. 그것도 산 지 얼마 안 된 엄마의 새 차를요!"

"그 순간, 저는 화보다 웃음이 나오더라고요. 아니, 거리가 얼마나 된다고 후진을 제대로 못 했을까! 하지만 큰애 얼굴을 보니 안색이 창백하더라고요. 많이 걱정하는 것 같아서, 다독여 줬어요. '괜찮아, 누구나 사고 낼 수 있는 거야. 일부러 그런 것도 아니고. 다친 사람도 없고, 사고도 크지 않았잖아. 차야 수리하면 돼. 너무 걱정하지 마라. 아빠도 고등학교 때면허 따고 얼마 안 돼서 사고 냈었어.' 그렇게 말해 줬더니 한결 안심하는 눈치였어요."

나는 아버지를 바라보며 말했다.

"이미 저지른 실수에 대해서는 굳이 야단칠 필요가 없더라고요. 본인도 얼마나 속상하겠어요. 돌이킬 수도 없는 일을 두고 부모까지 나서서 더 힘들게 할 필요는 없죠. 사고뿐만 아니라 공부를 소홀히 했거나, 실수로 잘못된 선택을 했을 때도 마찬가지예요. 아이가 스스로 잘못을 깨달았다면, 부모는 혼내기보다 위로하고 격려하는 게 더 낫다고 생각해요. 물론 무조건 방임하라는 뜻은 아니에요. 하지만 가장 현명한 대처가 꼭 벌을 주거나 목소리를 높이는 것만은 아니라고 생각해요."

아버지는 조용히 듣더니, 고개를 끄덕이며 말했다.

"정말 공감이 가네요. 저도 딸들에게 그렇게 해 보려고요."

나는 웃으며 말했다.

"제가 괜히 주제넘게 꼰대처럼 말한 거 아닌가 모르겠네요."

아버지도 웃었다.

"아뇨, 좋은 이야기 들려주셔서 감사합니다."

그제야 처음의 어색함이 완전히 사라졌다.

혹시 다음에 또 만나게 된다면, 이번엔 그 아버지가 먼저 이 꼰대에게 인사를 건네주려나? 하하!

둘째와의 대화
2021년 1월 22일

나는 30대 초반의 두 아들을 두고 있다. 큰애는 동북부, 작은애는 서북부에 거주하고 있다. 두 형제는 닮은 점도 많지만 분명한 차이도 있다. 항상 의젓한 큰애와 달리, 작은애는 내가 좀 더 챙겨 주어야 할 것 같은 느낌이 든다. 반면 작은애는 다정다감한 면이 있어, 일주일에 한 번 정도는 부모에게 전화를 걸어 건강을 묻고 일상을 나눈다. 덕분에 나는 요즘 젊은이들의 사고방식도 엿볼 수 있다.

대학을 동북부에서, 대학원을 중부에서 마친 작은애는 직장만큼은 서북부에서 잡기를 희망했다. 대학원 재학 중 일찍이 교수직의 길은 접었지만, 젊은이들이 선호하는 서북부에서 몇 년은 살아 보고 싶었다. 이미 그 지역에서 직장 생활을 했던 형과 고교 친구들에게서 그곳의 장점을 익히 들었기 때문인지, 대학원 시절 유일하게 가진 인턴십도 일부러 그 지역을 선택했다. 그리고 결국 인턴십을 했던 회사에서 졸업 후 첫 직장을 제안받았다. 인턴십을 통해 경험한 근무 환경과 조건이 마음에 들었던 듯하다.

그러나 일을 시작한 지 1년이 채 되지 않아 이직을 결심했다. 첫 직장이 불만족스러웠던 것은 아니었지만, 새로운 직장이 자신의 대학원 논문과 더 밀접한 관련이 있었다. 또한 첫 직장은 비교적 작은 회사였던 반면, 새로운 직장은 세계적인 대기업이라 그 경험을 해 보고 싶었다. 물론 대기업에서 채용한 만큼 대우도 더 좋다고 했다. 나는 첫 직장에서 너무 짧은 기간 근무한 것이 아닌가 걱정했지만, 둘째의 이직 이유가 타당해 보여 반대하지 않았다.

그런데 두 번째 직장에서 근무한 지 아직 1년이 되기도 전에 또다시 이직을 고려하고 있었다. 이에 따라 둘째가 전화를 걸어올 때마다 이유와 진행 상황을 물었고, 내 생각도 전했다. 이직을 고려하는 가장 큰 이유 중 하나는 동부로 돌아오고 싶다는 것이었다. 부모와 형이 모두 동부에 살고 있으니 가까이 가겠다는 뜻이었고, 나는 굳이 반대할 이유가 없었다. 아니, 오히려 두 손 들고 환영해야 할 일이었다. 욕심 같아서는 아예 워싱턴 디씨 근처로 왔으면 좋겠지만, 지금 그것을 바라기는 무리이니 뉴욕으로만 와도 좋겠다는 생각이 간절했다.

하지만 나와 둘째 사이에는 분명한 이견도 있었다. 내가 직장을 구해 주는 것도, 그의 미래를 책임지는 것도 아니지만, 아버지로서 나름의 조언은 해야 한다고 느꼈다. 동부로 오는 것은 좋은 생각이지만, 지금 일하고 있는 대기업 내에서 뉴욕 팀을 찾아 보는 것이 어떻겠느냐고 물었다. 큰 회사에서의 근무 경험은 어디서든 자랑할 만한 가치가 있으며, 젊은 세대의 잦은 이직이 주는 자극을 이해하지만, 너무 자주 직장을 옮기는 것은 미래의 고용주들에게 어떻게 보일지 고민해 보라고 했다. 또한, 그가 고용 담당자라면, 1년에 한 번씩 직장을 옮기는 지원자를 보고 얼마나 오래 근무할 것이라 기대할 수 있을지 생각해 보라고도 했다.

둘째는 내 말을 이해한다고 하면서도, 자신의 이직 이유에 대한 논리를 내세웠다. 내가 지적한 점들도 고려하고 있다고 했다. 이렇게 같은 이야기를 여러 번 반복하다가 나는 "We do not have to decide today" 즉, "오늘 당장 우리가 결정할 필요는 없잖아"라고 말했다. 그러자 둘째의 반응이 날카로웠다.

"It is not 'we.'"

"'I' do not have to decide today."

결정은 아버지와 공동으로 하는 것이 아니라, 자기 혼자만의 몫이라는 뜻이었다. 순간 '아차' 싶었다. 나는 그런 의미로 말한 것이 아니었는데.

브루클린 다리에서(2023년 12월 24일)

롱아일랜드 시티에서 맨하탄을 배경으로 찍은 사진(2023년 7월 1일).
왼쪽 뒤로 엠파이어 스테이트 빌딩과 오른쪽 뒤로 크라이슬러 빌딩이 보인다

반지 이야기
2021년 2월 5일

지난주, 동북부에 사는 큰아들이 사진을 한 장 보내왔다. 결혼반지를 낀 손 사진이었다.

사실 결혼식은 작년 여름에 계획되어 있었지만, 팬데믹으로 인해 1년 연기되었다. 그리고 올해 초, 결국 그 연기된 결혼식마저 취소하고, 간단히 혼인 신고만 하기로 결정했다. 몇 주 후, 반지를 마련해 손가락에 끼고 찍은 것이었다. 아직 정식으로 신고를 하지는 않았지만, 어차피 필요한 반지이기에 미리 준비했다고 했다. 밖에서는 아직 끼고 다니지 못하지만, 집 안에서라도 끼워 보니 기분이 묘하다고 했다.

그 사진을 보며 몇 년 전, 큰아들이 갑자기 던졌던 질문이 떠올랐다. 대학원 장학금 신청 서류를 작성하면서 자신의 자산을 기입해야 하는데, 여자 친구에게 주려고 준비한 반지도 자산으로 간주해야 하느냐는 물음이었다.

당시, 대학 졸업 후 몇 년간 직장 생활을 했던 큰아들은 대학원에 진학하기 전, 프러포즈를 하기로 결심했다. 그래서 반지를 하나 마련했다. 여자 친구와는 대학교 1학년 때 같은 클럽에서 활동하며 1년 정도 사귀었다가 헤어진 적이 있었다. 하지만 졸업 후 다시 만나 몇 년을 함께하며,

어느덧 서로 알고 지낸 지 10년이 되어 가고 있었다.

프러포즈를 앞두고 그는 여자 친구 부모님께 먼저 허락을 받아야겠다고 생각했다. 그게 여자 친구 부모님이 계신 나라의 문화라고 들었기 때문이었다. 그러나 프러포즈는 여자 친구 모르게 준비하는 것이었기에, 부모님과의 연락도 몰래 해야 했다.

우여곡절 끝에 지구 반대편에 계신 여자 친구의 아버지와 통화를 했다. 그런데 그분께서는 "이런 중요한 이야기를 전화로만 할 수는 없다. 직접 와서 얼굴을 마주하고 이야기해야 한다"라고 하셨다. 예상치 못한 복병을 만난 큰아들은 고민에 빠졌다.

여자 친구 몰래 부모님 댁을 방문하려면 비행기로 왕복 이틀, 현지에서 하루 머문다 해도 최소 사흘의 시간이 필요했다. 대학원 학비와 생활비로 아껴 둔 돈 일부를 여행 경비로 써야 하는 것도 부담이었다. 하지만 다른 방법이 없었기에, 여자 친구에게는 다른 일로 출장을 가야 한다고 둘러대기로 하고 비행기표를 알아보기 시작했다.

그런데 얼마 지나지 않아 여자 친구 아버지께서 다시 전화를 하셨다.

"오는 김에 혼자 오지 말고, 딸과 함께 오너라."

맙소사.

그렇게 되면 당연히 프러포즈 계획이 여자 친구에게 들통나고 만다. 말씀을 거역할 수도 없고, 그대로 따를 수도 없는 난감한 상황에 빠졌다. 결국 그는 프러포즈 계획을 연기하기로 했다. 먼저 자연스럽게 여자 친구와 함께 부모님을 방문하는 기회를 마련한 뒤, 적절한 타이밍을 기다려야 했다. 그리고 프러포즈 때 사용하려던 반지는 여자 친구가 발견하지 못하도록 깊숙이 숨겨 두었다.

다행히 여자 친구에게 반지의 존재는 들키지 않았다. 하지만 대학원 장학금 신청 서류를 작성할 때, '이 반지를 자산으로 기재해야 할까?' 하는 고민이 생겼다.

그것이 바로 그날 나에게 던졌던 질문이었다.

나는 아직도 그 질문이 농담이었는지 진담이었는지 헷갈린다. 곧 다른 사람에게 줄 것이기에 자산으로 보기 어려운 것도 사실이지만, 어쨌든 자기 돈을 주고 산 귀중품이니 자산으로 간주하는 것이 맞지 않나 싶기도 했다. 그때 나는 정확한 답을 주지 못하고, 그냥 웃어넘겼던 것으로 기억한다.

지난주, 큰아들이 결혼반지까지 마련했다는 소식을 들으니, '이제 다 컸구나' 하는 생각이 들었다. 가슴이 뿌듯했다.
그러면서도 한편으로는, "내가 네 나이 때 너는 벌써 두 살이었는데." 라는 말을 꺼내고 싶은 충동이 일었다. 하지만 입을 꾹 다물었다. 괜히 했다가 본전도 못 건진다는 선배들의 충고가 떠올랐기 때문이다.

그래도, 혹시나 가족 계획이 있다면, 한 해라도 젊을 때 아이를 갖는 것이 좋다는 만고의 진리를 전하고 싶은 마음은 아직도 간절하다.

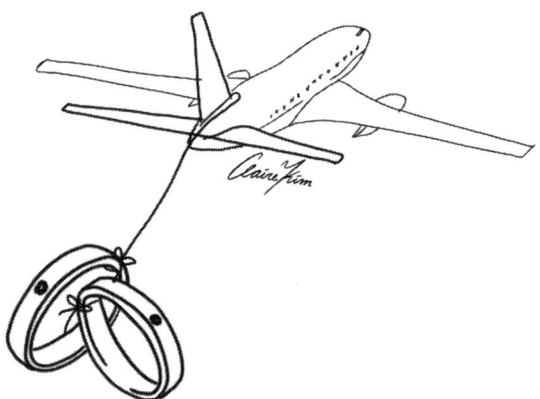

목발 달리기
2022년 8월 19일

나는 얼마 전 한 지인의 페이스북에서 글래시어 국립공원에 관한 글을 보았다. 캐나다의 밴프 국립공원에서 내려오는 길에 감탄했다는 내용이었다. 그 글에 동감하면서도 불현듯 떠오른 것이 있었다. 약 20년 전, 여름방학 내내 둘째 아이가 짚고 다녔던 목발이었다.

당시 둘째는 초등학교 5학년을 마친 여름이었다. 여름방학 동안 어떤 활동을 시켜야 할지 고민하다가, 한 3주 정도 진행되는 여름 캠프에 보내기로 했다. 첫째도 전에 비슷한 캠프를 다녀왔기에, 둘째가 아직 초등학생이긴 했지만 집에서 두어 시간 떨어진 대학교 기숙사에서 머물며 참여하는 프로그램을 선택했다. 같은 여름방학에 첫째는 또 다른 곳에서 캠프를 하고 있었기에, 오랜만에 애들 엄마와 단 몇 주라도 조용한 집을 즐길 수 있을 것이라는 기대를 품었다. 하지만 그 기대는 바로 다음 날로 산산조각이 났다.

캠프 담당자로부터 전화가 왔다. 그것도 병원에서였다. 나를 안심시키려는 것인지 첫마디가 "놀라지 마세요"였다. 둘째가 다른 학생들과 자유 시간에 축구를 했는데, 한 학생이 둘째에게 태클을 하다가 공 대신 발목을 차였다는 것이었다. 결국 골절상을 입고 병원으로 실려 갔다. 다행히 성장판은 다치지 않았고, 뼈를 맞춘 후 깁스를 했다.

둘째와 직접 통화해 보니, 다행히 큰 고통을 느끼지는 않는 듯했다. 하지만 거동이 불편하니 빨리 데려가 달라고 했다. 나는 하루만 더 있어 보자고 설득했고, 둘째도 알겠다고 했다. 다음 날 캠프가 열리는 학교로 달려가, 짐을 챙겨 집으로 데려오려 했다. 그런데 막상 가 보니 예상만큼 힘들어하는 것 같지는 않았다. 물론 샤워도 불편하고 목발을 짚고 돌아다니는 것도 쉽지는 않아 보였다. 나는 "집에 가면 다시 올 수 없으니 기왕 힘든 것 하루만 더 버텨 보자"라고 제안했다. 둘째는 그렇게 하기로 했다.

약속대로 다음 날 다시 캠프를 찾았다. 하루를 어떻게 보냈느냐고 물었더니, 목발을 짚고 그대로 다녔다고 했다. 다시 집에 갈 건지 묻자, 가겠다고 했다. 하지만 첫날만큼 강한 의지는 없어 보였다. 나는 "주말에 다시 올 수 있으니 며칠만 더 참아 보자"라고 제안했다. 캠프 측에서는 방을 1층으로 옮겨 주기로 했다. 그렇게 며칠 더 지내 보기로 했다.

주말에 다시 찾아가 또 비슷한 대화를 나누었다. "집에는 언제든 갈 수 있다. 하지만 집에 가면 아무것도 안 하고 지내야 한다. 캠프에서 할 수 있는 것만이라도 하는 것이 더 낫지 않겠느냐?" 나는 질문이자 설득을 시도했다. 그리고 결국 우리는 성공했다. 둘째는 3주간의 캠프를 완주할 수 있었다.

두 아이가 캠프를 마친 후, 방학 전에 계획했던 가족 여행을 예정대로 떠났다. 물론 목발과 휠체어를 챙긴 채였다. 아리조나에서 시작해 솔트레이크시티, 옐로스톤을 거쳐 몬태나주의 글래시어 국립공원에 도착했다. 국경을 넘어 캐나다 밴프 국립공원이 최종 목적지였다. 그런데 밴프보다 글래시어 국립공원이 더 마음에 와닿았다. 좀 더 차분한 느낌이었다.

저녁 식사 후, 가족이 함께 숲길을 산책하기로 했다. 곳곳에 '곰 주의' 표지판이 붙어 있었고, 거기에는 곰을 만났을 때 조심해야 할 점들이 적혀 있었다. 걸으면서 그 내용에 대해 열심히 이야기를 나누었다. 그러다가 순간, 산책길 앞쪽을 바라보게 되었다. 그런데 멀지 않은 곳에서 곰 한 마리가 길을 건너다 말고 머리를 돌려 우리를 응시하고 있는 것이 아닌가!

우리 모두 급정거했다. 누구의 말도 필요 없었다. 곰 주의 표지판에 적힌 대로 바로 돌아섰다. 뛰지 말라고 했으니 뛰지는 않았다. 하지만 걸음 속도는 뛰는 것보다 빨랐다. 그리고 그중에서도 목발 사용자가 가장 빨랐다.

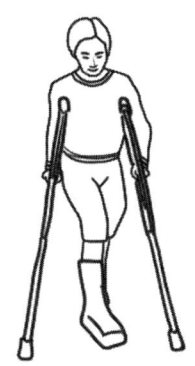

아들의 지적
2024년 8월 9일

한두 주 전, 멀리 사는 둘째 아들에게 도움을 청했다. 내가 교회에서 맡게 될 9학년 학생들과 부모님들을 만나는 자리가 다가오고 있었는데, 그 자리에서 사용할 간단한 비디오를 만들어 달라고 부탁한 것이다. 나는 그 자리에서 부모와 학생들에게 서로를 소개하고, 각자의 장단점을 한두 가지씩 나누도록 할 예정이었다. 그래서 내 경우를 먼저 보여 주기 위해, 나에 대한 내용을 담은 비디오를 부탁했다. 고맙게도 둘째는 내 요청을 거절하지 않고, 각 주제에 맞춰 짧은 비디오 클립 세 개를 보내왔다. 그런데 그것을 보며 여러 가지 생각이 스쳐 지나갔다.

이제 30대가 된 두 아들을 키우던 시절을 돌이켜 보면, 사실 내가 아이들에게 어떻게 보이는지 직접 들을 기회는 거의 없었다. 내 기억 속에서 유일한 예는, 큰애가 초등학교 때 썼던 일기장에 남아 있다. 방학인데도 부모가 이것저것 하라고 잔소리한다는 불평이 적혀 있었던 것이다. 보이스카우트 캠프에서 돌아와 피곤한 자신에게, 편히 쉬라고 하면서도 왜 또 무언가를 하라고 하느냐며 부모가 태도를 바꿔야 한다는 일침이 담겨 있었다. 하지만 그때 나는 그 문제를 깊이 고민하지 않았다. 잔소리는 '내가 아니라 엄마가 하는 것'이라며 스스로를 합리화했기 때문이다. 나는 잔소리꾼이 아니라는 듯, 그 말을 대수롭지 않게 넘겼다.

아이들이 사춘기를 지나고, 대학에 가기 위해 집을 떠난 후, 우리는 대화를 계속 나누었지만, 가끔은 서로 견해가 부딪히기도 했다. 그러나 다른 의견을 갖는 것은 자연스러운 일이었고, 진지한 대화가 오간다는 것은 오히려 건강한 모습이라고 생각했다. 무엇보다도, 아이들이 나를 구세대로 치부하지 않고 내 이야기를 경청해 준다는 것이 고마웠다. 나도 아이들의 앞선 생각을 조금이나마 엿볼 수 있었기에 더욱 그랬다.

때로는 함께 웃고, 때로는 같이 분노하며, 가끔은 격려의 말을 주고받는 것이 좋았다. 하지만 아이들이 나를 어떻게 생각하는지에 대해 직접 이야기한 적은 없었던 것 같다. 나는 아이들에게 무언가를 가르치고 조언하는 역할에 익숙했지만, 정작 아이들로부터 피드백을 받는 일에는 익숙하지 않았다. 아이들이 나의 장점과 단점을 어떻게 평가하는지, 내가 어떤 부분을 개선해야 하는지를 들어 본 적도, 그런 기회를 준 적도 없었다.

그런데 이번에 둘째가 보내온 비디오를 보면서, 나는 이런 대화를 훨씬 더 일찍 나누었어야 했다는 생각이 들었다. 나를 소개하는 내용은 어느 정도 예상할 수 있었지만, 내가 잊고 있던 부분도 포함되어 있었다. 겨우 30초밖에 안 되는 비디오였지만, 내가 대수롭지 않게 여겼던 것들이 둘째에게는 오랫동안 기억에 남았다는 사실을 깨닫게 되었다.

나의 장점에 대한 이야기는 대략 예상했던 부분이었다. 칭찬을 들으면 기분이 좋아지는 것은 당연한 일이다. "고래도 춤추게 한다"라는 말처럼, 나도 모르게 흐뭇해졌다. 하지만 문제는 그다음이었다. 나의 단점, 아니, 내가 개선해야 할 점을 다룬 겨우 10초짜리 비디오를 보고 나니, 곧바로 전화를 걸어 반론을 펼치고 싶은 충동이 들었다. "네 생각이 틀렸다", "내가 언제 그랬냐" 등 따져 묻고 싶었다.

누구나 자신의 부족한 점을 지적받는 것을 즐기지는 않는다. 더군다나 자식들에게서 말이다. 나는 변호사로서 고객들에게 조언을 해 주고, 교육위원으로서 20년 이상 교육청 직원들에게 개선점을 지적하는 일을 해 왔다. 남들에게 조언하는 것은 익숙했지만, 내가 조언을 받는 일에는 한없이 서툴렀다. 성격 탓일까, 아니면 직업적 습관 때문일까.

귀가 순해진다는 '이순(耳順)'의 나이를 넘긴 지도 여러 해가 지났건만, 내 귀는 여전히 거칠기만 한 것 같다. 그래도 아들이 들려준 지적 사항을 곱씹어 보면서, 반박 대신 고맙다는 메시지를 보낸 것은 다행스러운 일이었다. 힘들지만, 앞으로도 이런 이야기를 가끔은 들어야 하지 않을까.

내일 교회 9학년 모임에서, 부모들이 자녀들에게 직접 평가를 받을 기회를 갖게 된다. 과연 아이들이 얼마나 솔직할지, 그리고 부모들은 그 이야기를 어떻게 받아들일지 궁금하다. 당황하거나 변명하는 부모들도 있을 것이고, 진지하게 받아들이는 이들도 있을 것이다. 그 반응을 지켜보는 일이, 솔직히 조금 기다려진다.

무엇이 더 중요해요?
2001년 1월 8일 - AM 1310

지난주 목요일에는 우리 집 큰 녀석의 합창 음악회가 있었다. 이제 7학년인데 학교에서 선택 과목 중 하나로 합창을 택하고 있다. 이 음악회는 원래는 겨울방학이 시작하기 전에 하도록 스케줄이 되어 있었다. 그런데 음악회 당일 눈이 많이 내리는 바람에 학교가 문을 닫았고 그래서 음악회도 자동적으로 연기가 되었다.

그런데 사실은 연기된 날짜였던 지난주 목요일에 나는 오래전서부터 미리 스케줄이 되어 있던 meeting에 참석해야 했다. 그래서 큰 녀석한테 아빠가 꼭 참석해야 하는 미팅이 있는데 어쩌면 좋겠느냐고 물어보았다. 그랬더니, 이 녀석이 "아빠, 어떤 것이 더 중요해요? 저예요 아니면 미팅이에요?" 하고 물어 오는 게 아닌가! 나는 잠깐 당황할 수밖에 없었다. 정신을 차려 "물론, 네가 더 중요하지"라고 대답을 했다. 나중에 알고 보니 그때의 "어떤 것이 더 중요해요?"라는 물음은 초등학교 4학년인 둘째 녀석으로부터 배운 것이란다. 둘째 녀석이 제 형하고 좀 같이 놀아야겠는데 형이 학교 숙제나 다른 것을 이유로 놀아 주지 않을 때 써먹는 질문이라는 것이다. "형, 어떤 게 더 중요해? 나야 아니면 숙제야?" 하면서 말이다.

다행히도 그날 미팅은 전화를 통해 해결하고 음악회에 제시간에 도착할 수 있었다. 그러나, 그날에 받았던 질문은 어쨌든 뒤통수를 한 대 얻어맞은 기분을 가져다주었다. 그리고 또한, "어떤 것이 더 중요하느냐?"라는 그 질문은 내가 두고두고 되물어야 할 것이 아닌가 하고 생각했다. 변호사 사무실 일, 내가 활동하고 있는 여러 단체의 일들 그리고 Fairfax County Planning Commission에서의 업무로 주중에는 거의 매일 저녁 회의 때문에 바빠 애들하고 같이 있어 줄 시간이 별로 없는 나로서는 어떤 것이 더 중요하느냐는 이 질문처럼 가슴에 아프게 와닿는 질문도 없지 않나 하는 생각이 든다.

바쁘게 지내는 이유가 지역 사회에 봉사도 해야 하고 주류 사회에 몇 명 안 되는 동양계 공직자로서 모범도 보여야 되기 때문이라고 자위하기도 한다. 그러나 애들 입장에서 볼 땐 저녁 시간에 자주 볼 수 없는 아빠의 모습이 혹 원망스러울지도 모른다. 아마 저녁에 아빠 보기가 힘들다는 것에 이제는 익숙해져 있을 것이다. 그래서 아예 기대조차 하지 않을지도 모른다. 애들이 클 때 무엇보다도 중요한 것이 부모들이 옆에 같이 있어 주어야 한다는 것인데 내가 잘못하고 있는 것이 아니냐는 생각도 그래서 갖게 된다. 물론, 주중에 잘 못해 주는 것을 주말에 같이 시간을 보내면서 만회해 보려고 한다. 그래서 주말에는 치고 싶은 골프도 치는 적이 거의 없다. 애들 축구나 농구 시합에는 내가 꼭 같이 간다. 영화도 같이 구경하고 운동도 같이한다. 그러나 과연 그것 가지고 제가 아빠로서 할 일을 다 했다고 자부할 수 있는지에는 자신이 없다.

"아빠, 어떤 것이 더 중요해요? 저예요, 사무실 일들이에요? 저예요, 지역사회 단체 활동이에요? 저예요, 정치 활동이에요?" 청취자 여러분들 가운데 아직 어린 자녀들을 키우는 분이 있다면 이러한 질문들에 대해 한번 생각해 보기 바란다. 여러분에게는 자녀와 직장이나 사업 중 무엇이 더 중요한가? 자녀와 친구 중 누가 더 중요한가? 자녀와 골프 중 어떤 것이 더 중요한가? 그리고 과연 중요하다고 생각하는 것에 항상 우선순위를 두나?

TV와 비교
1998년 3월 9일 - AM 1310

"집에 아버지보다 TV가 있는 게 더 좋겠다." 한 초등 1학년 대상 설문에서 90% 이상의 학생이 내놓은 답변이라고, 교회 목사가 설교 중 한 말씀에서 언급한 게 기억난다.

약 2주 전 금요일 아침, 초등 4학년인 우리 큰 녀석 준영이 학교에 특별 프로그램이 있다고 해서 갔다. 한 달 반 전, 담임 선생님과 사적으로 만났을 때, 정식 초청장이 없는 행사를 특별 초청한다고 하여 꼭 참석해 보라는 말을 들었던 Colonial Days 행사였다. 미국이 영국의 식민지였을 당시의 생활을 배우고 발표하는 행사였다.

그날 아침, 평소와 다르게 준영이가 버스 대신 엄마에게 차로 일찍 태워다 달라고 했다. 아침 일찍 가서 연습을 해야 한다는 것이었다. 준영에게는 학교에 간다는 말을 하지 않았고, 엄마에게도 절대로 누설하지 말라고 다짐시켰다. 예고 없이 나타나 놀라게 하고 기쁘게 해 주고 싶었기 때문이다.

아이들이 모두 학교에 보내진 후, 9시쯤 주차장에서 차에 앉아 신문을 읽으며 여유 있게 기다렸다. 행사 시작 시간인 9시 45분이 거의 다 되어 학교 사무실로 들어가 방문자 명부에 서명하고 방문 배지를 꽂았다. 그런데 행사 장소가 도무지 보이지 않았다. 사무실에 다시 들어가 물어보니 학교 건물 전체에서 행사가 진행되니, 우선 준영이 교실부터 가 보라는 답을 들었다. 교실에 도착하니 준영이는 없었고, 준영이 친구 한 녀석이 반갑게 다가와 "준영이는 Mrs. Black 반에 있다"라고 했다. 담임 선생님은 다른 학생들 물건 만드느라 정신이 없어 내 도착조차 눈치채지 못했다. 인사라도 하려고 다가갔더니, 친구가 "반에서 Colonial Days 맞추어 옷을 안 입은 학생은 준영이와 선생님밖에 없다"라며 말해 얼굴이 순식간에 화끈해졌다. 무안함을 웃어넘기려 했지만 참 속이 쓰렸다.

교실을 나와 Mrs. Black 반으로 가려 머뭇거리던 중, 한 여자가 다가와 혹시 준영이 아빠냐고 물었다. 그렇다고 대답하자, 자신이 오케스트라 담당 선생인데 아침 9시 15분에 있었던 연주회에 못 왔느냐고 물어왔다. "9시 15분이요? 9시 45분 아니었나?" 하고 되물을 수밖에 없었다.

요즘 정신없이 교육위원회 일을 하느라 아이들에게 신경 쓸 틈도 없다는 생각이 절로 든 날이었다. 집안도 모두 바빠, 아이들이 어릴 때 부모가 세심히 돌봐야 할 때에 제때 사랑을 표현해 주지 못하는 현실에 한숨이 나왔다.

나중에 애들 엄마에게 물어보니, 옷은 일부러 안 입고 갔다고 한다. 오케스트라 연주에 거추장스러워서라고 했다. 한편 다행이라 생각하며, 아이들이 하는 일도 제대로 알지 못하면서 교육위원이라 밤낮없이 분주한 내 모습을 반성하게 됐다.

어렵고 힘든 교육위원 일을 왜 하는지, "아이들을 위해 한다"라는 부모 세대의 말이 과연 옳은지 다시 한번 곱씹어 본 그날이었다.

산타의 선물
2000년 12월 29일 - AM 1310

며칠 전 크리스마스 때였다. 우리 집 두 사내 녀석들은 여전히 산타클로스의 존재를 굳게 믿었다. 열흘 후면 13살이 되는 큰 녀석과 9살짜리 작은 녀석 모두 산타가 진짜로 선물을 갖다준다고 단호히 생각했던 것이다. 물론 몇 년 전부터 '산타 할아버지'가 실제로 존재하는지 물어봤지만, 지난 크리스마스에도 선물이 엄마, 아빠가 둔 것이 아니라 산타가 가져다준 것이라고 단호하게 대답했다. 13살이나 된 녀석이 아직도 산타를 믿는 모습을 보면 순진한 건지 어리숙한 건지 판단하기 어렵지만, 스스로 산타의 부재를 깨닫기 전까지는 계속 그렇게 말할 것 같다.

크리스마스 전날 밤, 우리 집은 산타 할아버지의 방문을 기다리느라 온통 설렘에 잠을 제대로 이루지 못했다. 전설에 의하면 산타는 12월 24일 밤 12시가 넘어야 선물을 갖다준다고 하니, 12시 전까지는 눈을 떼지 않고 기다려야 했다. 세계 곳곳을 누비는 바쁜 일정 때문에 정확히 언제 나타날지 알 수 없으니, 그분이 오실 때까지 무조건 참고 기다려야 하는 것이다.

이번 크리스마스에는 작은 녀석이 산타의 사진을 찍어 두자고 했다. 두 녀석 모두 이번에는 꼭 산타를 만나야 한다며 저녁 6시쯤 미리 침대에 들었다. 하지만 얼마 지나지 않아 잠 대신 Play Station 게임에 몰두하며 시간을 보냈다. 그러다가 밤 12시가 되고, 다행히 게임이 아직 끝나지 않은 사이 산타의 방문 시간이 다가왔다. 게임이 끝나고 시간이 12시 5분이 되었을 때, 지하실에서부터 나와 위층으로 올라갔더니 산타는 이미 다녀간 후였다. 산타는 12시부터 12시 5분 사이에 조용히 선물을 놓고 간 것이다. 한편, 엄마는 2층 침실에 있었는데, 바로 전에 1층에서 들린 이상한 소리를 기억했지만 그 소리가 산타라고는 생각지 못했다고 한다. 결국 이번 크리스마스에도 산타를 직접 만나는 데는 실패했다.

하지만 산타는 선물을 놓고 가는 것을 잊지 않았다. 선물들 중에는 책 몇 권과 발명왕 에디슨, 교황 요한 바오르 2세 관련 비디오테이프가 있었다. 그리고 조금 더 큰 선물로는 현미경과 Walkman이 포함되어 있었다. 엄마 기억으로는 1년 전부터 둘째 녀석이 현미경 얘기를 여러 번 했었고, Walkman은 큰 녀석이 틴에이저가 되어야 좋아할 것이라는 기대가 있었다.

선물 포장을 하나씩 뜯어 보던 중 드디어 현미경이 등장했다. 엄마와 나는 작은 녀석의 얼굴에 기쁨의 미소가 번지길 기대했다. 그런데 뜻밖에 작은 녀석은 현미경을 보자마자 "형이 쓰면 좋을 것"이라며 형에게 건네 버렸다. 이어서 뜯은 선물은 Walkman이었는데, 이를 본 작은 녀석은 "산타 할아버지 고맙습니다"라며 Walkman을 자기 선물로 움켜쥐었다. 그 모습을 본 우리 둘은 어찌 반응해야 할지 난감했다. 나는 배를 움켜잡고 웃을 수밖에 없었고, 엄마는 "Walkman은 형이 쓰고, 현미경은 네가 갖는 게 어때?"라며 상황을 수습하려 애썼다.

이 사건을 통해 아이들이 무엇을 좋아할지, 그리고 부모가 모든 걸 안다고 생각하는 것이 얼마나 큰 착각인지 다시 한번 깨달았다. 작은 녀석이 원했던 현미경 얘기는 이미 1년 전의 이야기였고, Walkman은 틴에이저가 되어야 좋아할 것이라는 고정관념도 큰 오산이었다. 이번 크리스마스 경험은 앞으로 아이들과 더 많은 대화를 나누고, 그들을 좀 더 세심히 관찰해야 할 필요를 느끼게 해 주었다.

내년 크리스마스에는 산타 할아버지가 같은 실수를 반복하지 않기를 바란다.

부모의 성장고통
2013년 1월 25일

나는 지난 주말, 막내가 겨울방학을 마치고 학교로 돌아가는 모습을 지켜보았다. 대학 4학년이니 이번이 마지막 겨울방학이었고, 이제 한 학기만 지나면 졸업이다. 언제쯤 아이들이 다 졸업해 내가 좀 더 홀가분해질까 생각했던 적이 있었는데, 정작 그 순간이 다가오니 어딘가 허전한 감이 든다. 잔소리할 기회도, 학비를 부담할 날도 얼마 남지 않았다는 생각이 묘하게 섭섭하게 다가온다.

나는 아들만 둘을 두었다. 딸을 키워 본 적이 없어 딸과의 관계가 어떨지 알 수 없지만, 두 아들과의 관계를 돌아보면 언제부터인가 나의 권위가 예전처럼 받아들여지지 않는다는 것을 느꼈다. 정확히 언제부터인지 모르겠지만, 적어도 고등학교 때부터는 확실히 그랬던 것 같다. 둘째의 경우엔, 어쩌면 그보다도 훨씬 이전부터 내 말을 예전처럼 따르지 않았던 게 아닌가 싶다. 큰애는 상대적으로 순종적인 느낌이 있었지만, 겉으로 표현을 하지 않았을 뿐 속으로는 둘째와 마찬가지였을지도 모른다. 그래도 고등학교를 졸업할 때까지는 같은 집에서 함께 살면서 부모의 눈치를 보느라 내 말을 적어도 듣는 척이라도 했을 것이다. 하지만 대학에 들어가면서 상황이 완전히 달라졌다.

아이들은 아마 집을 떠나는 것을 손꼽아 기다렸을 것이다. 부모의 간섭 없이 자유를 만끽할 수 있다는 것만큼 신나는 일이 또 어디 있을까. 그런데 아이들이 대학에 가면서 나는 그들의 일상과 생각을 더 이상 가까이에서 접할 수 없게 되었다. 내가 해 줄 수 있는 부분이 적어지자, 아버지로서의 역할이 무엇인지 혼란스럽기 시작했다. 관망하는 것이 최선인지, 그래도 가끔 한마디씩은 해야 하는지 확신이 서지 않았다.

큰애가 대학 4학년이 되어 졸업 후 진로를 고민할 때, 사실 나보다 훨씬 많은 정보를 가진 아이에게 내가 해 줄 수 있는 조언이 거의 없다는 것을 깨달았다. 고용시장이나 대학원 진학 사정에 대해 아이보다도 모르는 내가 무슨 방향을 제시할 수 있겠는가. 그리고 앞으로도 이런 한계는 점점 더 심해질 것이라는 생각이 들었다. 아버지로서의 무력함을 절실히 느낀 순간이었다.

둘째는 대학원에 진학하고 싶다고 했다. 자신이 공부하고 싶은 분야와 지원할 대학을 이야기하는데, 그 분야에 대한 정보가 전혀 없는 나는 그냥 듣기만 할 뿐, 조언해 줄 것이 없었다. 지원 대학 리스트를 보니 내가 평소 생각했던 명문 대학들과는 전혀 다른 곳들이 포함되어 있었다. 이제 나는 아이들의 선택과 결정에서 한 발짝씩 더 멀어지고 있음을 실감했다. 아마 내 부모님도 과거에 나를 보면서 비슷한 감정을 느끼셨을 것이다. 그분들이 내 진로에 대해 한마디 하실 때, 나는 달갑지 않게 받아들였던 적이 많았다. 이제 그 입장이 내가 된 것이다.

이번에 둘째가 방학을 마치고 학교로 돌아가면서 나는 며칠 더 집에 머물지 않겠느냐고 물었다. 기숙사 식당도 문을 열지 않았을 테니, 집에서 좀 더 푹 쉬고 가는 것이 낫지 않겠느냐는 제안이었다. 그런데 예상 밖의 대답이 돌아왔다. "학교로 가야 진짜 쉴 수 있어요."

이제는 집보다 기숙사가 더 편한 곳이 되어 버린 것이다. 부모가 사는 집이 '진짜 집'이 아니라, 방학 때 잠시 머무는 '부모님 댁'이 되어 버린 것이다. 어쩌면 이제 부모를 방문하는 것이지, 집에 돌아온다고 생각하지 않는 것일지도 모른다.

그 말을 듣고 순간 어떻게 반응해야 할지 몰랐다. 그러면서 대학 시절 방학 때 집으로 돌아왔을 때의 내 감정이 떠올랐다. 아마 첫 학년이 끝난 후부터였을 것이다. 부모님의 집으로 돌아가는 것은 설레고 포근한 느낌이었지만, 정작 내가 있어야 할 곳은 학교였다. 방학 때 집에 오면 어딘가 도피한 것 같은 느낌이 들었고, 진정으로 쉬려면 학교에 있어야 할 것 같았다. 이제 내 아이들도 똑같이 느끼고 있는 것이다.

비록 두 아이가 아직 나와 한집에 살지는 않더라도, 대학을 졸업한 큰 애도, 대학원 준비를 앞둔 둘째도 이제 더 이상 '내 품 안의 자식'이 아니다. 그들을 자유롭게 날아가게 놔주는 것이 당연한 이치지만, 내 마음은 아직 거기까지 이르지 못한 것 같다. 이것이 바로 내가 아버지로서 성장하고 성숙해지기 위해 겪는 과정이 아닐까.

결혼 조건
2024년 4월 19일

지난해 11월, 페어팩스 카운티 교육위원회 선거를 마치고 고국을 방문하던 중 대만을 다녀왔다. 그곳에서 며느리의 부모님을 처음으로 정식으로 만났다.

사돈들은 팬데믹으로 인해 미국에서 열린 결혼식에 참석하지 못했다. 그래서 이번 방문이 공식적인 첫 인사가 되었다. 물론 작년 가을이 완전히 첫 만남은 아니었다. 큰애와 며느리는 대학교 동기로, 같은 해 졸업했다. 그때 대만에서 온 사돈들을 졸업식장에서 우연히 마주친 적이 있었다. 하지만 당시에는 단순한 친구 사이였기 때문에 그 만남은 짧은 인사 정도로 끝났다. 그게 2010년 봄이었으니, 이번 정식 만남은 13년 반 만에 이루어진 셈이다.

며느리의 부모님은 대만인이다. 미국에서 유학하며 학위를 마친 후 직장 생활을 하다가 며느리를 낳았기에, 며느리는 미국 시민이다. 그러나 어린 시절 부모님이 대만으로 돌아가기로 결정하면서 며느리도 함께 가야 했고, 그곳에서 고등학교까지 마친 후 대학을 위해 다시 미국으로 오게 되었다. 그러면서 우리 큰애를 만나 사귀게 되었고, 연애와 이별을 반복하다가 결국 장거리 연애까지 거치며 결혼에 이르렀다.

나는 한 번도 큰애에게 한국인과 결혼해야 한다고 요구한 적이 없다. 단지 크리스천이며, 사랑하는 사람이라면 된다고 했다. 그래서 큰애가 대만인 며느리를 사귀고 결혼하겠다고 했을 때도 거리낌 없이 축하해 주었다. 큰애가 며느리를 정식으로 소개하는 자리에서도 특별한 주문을 하지 않았다. 그저 우리 애를 좋아해 주는 것에 감사하며, 어떤 점이 마음에 들었는지 가볍게 물었을 뿐이다.

그 후 큰애가 여자 친구 부모님께 결혼 허락을 받아야 한다며 전화를 드릴 예정이라고 했다. 그런데 며칠 후, 여자 친구 부모님이 직접 대만에 와서 인사를 하라는 요청을 했다는 이야기를 들었다. 여러 가지로 바쁜 상황에서 먼 곳까지 가야 한다는 것이 부담스럽기는 했지만, 결국 다녀올 수밖에 없었다.

대만 방문 후, 큰애에게 어땠는지를 물었더니 특별한 일은 없었다고 했다. 그런데 작년 가을, 대만에서 사돈들과 만나 이야기를 나누던 중 그때의 상황을 전혀 다른 시각에서 듣게 되었다.

"딸이 남자 친구를 대만까지 데리고 와서 인사를 시켰다면, 이미 결혼을 결정한 것이나 다름없다. 부모가 뭐라고 할 수 있는 단계는 이미 지난 것이다."

이 말을 듣는 순간, 사돈들이 처음에는 내 큰애에게 만족하지 않았던 부분이 있었음을 직감했다. 아마 딸이 같은 대만인을 배우자로 선택하지 않은 것도 그중 하나였을 것이다.

그러나 사돈들은 반대하는 대신, 결혼을 허락하는 조건을 제시했다고 했다. 그리고 그 조건을 듣는 순간, 사돈들의 지혜에 감탄하지 않을 수 없었다. 조건들은 특이하면서도 무리하지 않았고, 큰애에게 도움이 되면서 충분히 실천할 수 있는 것들이었다.

첫째는 체중 감량이었다. 아, 이것은 평소에 나도 하고 싶었던 말인데, 사돈이 대신해 주었다. 내 마음을 읽은 듯했다.

둘째는 좀 더 공부하라는 것이었다. 이 역시 내가 하고 싶은 말이었다. 당시 큰애는 학사 학위만 있었고, 여자 친구는 이미 박사 학위를 마친 상태였다.

마지막 조건은 중국어를 공부하라는 것이었다. 이것도 절대 찬성할 부분이었다. 나 역시 대학 시절 중국어를 배우기 위해 한 학년을 휴학하고 대만에서 공부한 적이 있었다. 중국어의 중요성은 새삼 강조할 필요도 없고, 나도 며느리에게 한국어를 조금이라도 배워 주면 좋겠다고 생각하는 만큼, 사돈들이 내 큰애에게 중국어를 공부해 보라고 한 것은 너무나 당연한 일이었다.

이렇게 무리하지 않으면서도 충분히 실천 가능한 세 가지 조건을 제시한 사돈들에게 다시 한번 감사하다는 인사를 전하고 싶다.

본인의 저서인 『Moore's Journey』에 사인하는 모습.
내가 사인해 건넨 책 『Hamburger Coke』가 부분적으로 보인다.

사돈의 모습. 내 며느리와 '붕어빵'이다

7장
음식에 얽힌 사연

여는 글

"먹기 위해 사느냐, 아니면 살기 위해 먹느냐"라는 질문이 있다. 정답이 어디에 있느냐는 각자에 따라 다르겠지만, 그 질문에서 누구나 부인하기 힘든 중요한 점 하나는 '먹는 것' 자체다. 그런데 먹는다는 것은 단순히 우리 신체에 필요한 영양분을 공급하는 것에 그치지 않는다. 먹는 것의 대상인 '음식'에는 먹는 사람의 삶 자체가 담겨 있다고도 볼 수 있다. 문화, 식성, 필요, 삶의 패턴, 그리고 환경에 따라 먹는 음식이 정해지기 때문이다.

한국에서 가난하게 살던 시절에는 음식에 선택의 여지가 별로 없었다. 하루 세끼를 먹는 것조차 빠듯했던 시절, 잡곡 점심을 거의 강요받던 이유는 건강 때문이 아니라 쌀 부족 때문이었다. 고기를 먹는 것은 정말 어쩌다 한 번 있는 특별한 일이었다. 간식은 없었고, 수입식품은 우리 집에서는 꿈도 꿀 수 없었다.

그런데 미국에 오니 먹을 것이 풍부해졌다. 물론 그래도 집에서는 한식을 주로 먹었지만, 처음 접하는 음식들이 많았다. 나에게는 바나나, 파인애플, 핫도그, 피자, 스파게티 같은 것들이 모두 처음이었다. 미국에서 고등학교 시절, 어머니가 가끔 흉내 내어 만들어 주시던 햄버거는 양파와 마늘을 상당히 많이 넣으신 덕분에 점심 식사용으로 학교에 가져가면 교실 창문을 열어 냄새를 빼야만 했다.

  대학교 1학년 때 기숙사 식당에서 처음 접한 요구르트를 감자칩 찍어 먹는 소스(dip)라고 착각한 적도 있었고, 중국 음식이라고는 한국식 중국 음식 중 가장 저렴한 면류나 탕수육밖에 몰랐던 내가 친구 가족 초대로 미국식 중국 식당에 가서 전채요리로 나온 무슈 포크를 어떻게 먹는 줄 몰라, 함께 나온 팬케이크를 손으로 쪽쪽 찢어 먹었던 진땀 나던 경험도 있다.[22]

  이번 장에 나오는 음식들이 모두 나에게 미국에서 처음 접한 생소한 음식은 아니었지만, 그 뒤에 담긴 글들은 모두 생소하면서도 소중한 경험과 추억이다.

---

[22] 무슈 포크 이야기는 내가 2020년에 쓴 책 『스카이캐슬 교육위원 이야기』에 소개되었다.

도토리묵
2020년 5월 8일

　한국에서는 5월 8일을 어버이날로 지킨다. 내가 미국에 이민 오기 전까지는 '어머니날'로 불렀지만, 1973년에 '어버이날'로 명칭이 변경되었다. 미국에서는 매년 5월 둘째 일요일이 어머니날이므로, 올해는 5월 10일이 어머니날이다. 아버지날은 6월 셋째 일요일이다.

　어머니가 돌아가신 지도 이제 제법 오래되었다. 그동안 일찍 세상을 떠난 어머니를 떠올리지 않으려 노력해 왔다. 생전에 불효한 것도 많고, 제대로 잘해 드리지 못했다는 후회가 커서 생각하면 마음이 아플 것 같았기 때문이다. 또한 감정 조절에 자신이 없어, 어머니에 대한 기억을 되도록 피하려 했던 것도 사실이다.

　어머니는 여느 할머니들처럼 손주들을 각별히 사랑했다. 나의 두 여동생들에게도 자녀가 있었지만, 타주에 살았던 탓에 가까이에 있던 두 손주들에게 온 마음을 쏟았다. 결혼 후 따로 살던 어머니가 아이들이 어릴 때 베이비시터 역할을 해 주었다. 다른 사람에게 맡기는 것보다 할머니가 돌봐 주는 것이 더 낫다고 생각했고, 손주들을 좋아하는 어머니께도 좋은 일이라 여겼다. 물론 아이들을 돌본다는 것이 쉬운 일만은 아니었겠지만, 어머니는 한 번도 불평하지 않았다.

처음에는 오해를 사서 크게 혼난 적도 있었다. 다른 곳에 맡기면 비용을 지불해야 하니, 용돈이라도 쓰라고 드렸는데 그것이 서운했던 모양이었다. 돈을 받고 손주들을 봐 주는 게 아니라는 걸 잘 알고 있다고 말씀드렸지만, 쉽게 화를 풀지 않았다. 나중에는 드리는 용돈을 모아 손주들에게 사 주고 싶은 것을 살 수 있도록 해 드리면서야 어색한 분위기가 조금씩 풀려 갔다.

원래 버지니아주 알렉산드리아에 살던 부모님은 손주들을 쉽게 돌볼 수 있도록 우리와 가까운 페어팩스로 이사까지 했다. 당시 은퇴 전이었던 아버지는 워싱턴 디씨로 출퇴근해야 했기에 훨씬 불편해지는 상황이었지만, 손주들을 위해 기꺼이 불편을 감수했다.

어머니의 고별예배 때, 둘째가 할머니를 추모하는 인사를 했다. 대학생이 되었는데도 '우리 강아지'라고 불리던 손주였다. 그때 나는 처음 듣는 이야기들을 접하게 되었다. 손주를 향한 할머니의 깊은 사랑을 다시금 느낄 수 있었다.

우리 집 앞에는 도토리나무들이 있다. 가을이 되면 도토리가 익어 떨어졌고, 어머니는 그것을 주워 가곤 했다. 도토리묵을 만들기 위해서였다. 다람쥐와 경쟁하듯 도토리를 줍는 모습이 재미있기도 했지만, 도토리가 반찬이나 간식으로 변하는 과정이 더 신기하게 느껴졌다.

한번은 둘째가 초등학교에서 소풍을 갔을 때였다. 소풍지에는 도토리나무가 많았고, 나무 아래에 떨어진 도토리들을 보자마자 할머니 생각이 났다고 한다. 좋아하실 할머니를 떠올리며 크고 알맞게 생긴 도토리를 골라 열심히 주웠다. 제법 많이 모은 둘째는 뿌듯한 마음으로 집으로 돌아왔다.

평소처럼 할머니 집 앞에서 스쿨버스를 내린 둘째는 곧장 집으로 달려가 문을 열고 들어갔다. 그리고 주워 온 도토리를 자랑스럽게 내놓았다. 예상대로 할머니는 무척 기뻐했다. 하지만 곧 예상치 못한 일이 벌어졌다. 크고 탐스러워 보였던 도토리 대부분이 벌레 먹은 것이었다. 둘째는 실망보다는 할머니께 미안한 마음이 더 컸다. 그런데 할머니는 벌레 먹은 도토리를 보고도 아무런 말 없이 칼을 꺼내 들었다. 벌레 먹은 부분을 조심스럽게 도려내고 남은 도토리를 모아 도토리묵을 만들었다.

손주의 정성을, 할머니답게 따뜻한 배려로 감싸 주었던 기억이 어머니의 고별예배 때 내 마음을 깊이 울렸다. 평생 그렇게 살아온 분이었다.

이제는 다 성장한 두 아들들을 바라보며, 어머니날을 맞아 문득 떠오른 이 이야기처럼 나도 아이들에게 그런 사랑을 베풀었는지 스스로에게 묻게 된다. 그러나 자신 있게 대답할 수 없는 나다.

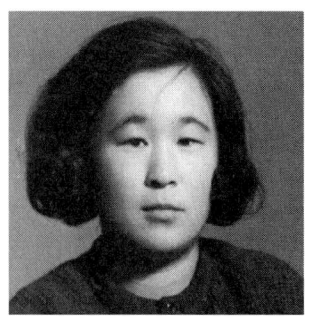

내 어머니(애들 할머니)의 20대 사진

애들이 할머니, 할아버지와 같이 찍은 사진
(내가 처음으로 임명직 교육위원이 되었을 때 선서를 마치고, 1995년 6월)

할머니 집 앞에서

팝콘
2020년 5월 1일

나는 팝콘을 좋아한다. 이미 튀겨진 팝콘을 사 먹기보다는 마른 옥수수알을 구해 집에서 직접 튀겨 먹는다. 프라이팬이나 중국식 웍에 기름을 약간 두른 후 옥수수알을 적당량 넣고 뚜껑을 덮은 뒤 가열하면 된다. 그러면 옥수수알들이 점차 뜨거워지다가 튀는 소리가 나기 시작한다. 그 소리가 점점 커지다가 점차 잦아들면 팝콘이 완성된 것이다.

이 팝콘과 얽힌 재미있는 에피소드가 하나 있다. 둘째 아이가 고등학교에 다니던 때의 일이다. 당시 둘째는 학교 농구팀에 소속되어 있었다. 학교가 과학고라 농구팀의 실력이 뛰어나지는 않았지만, 선수들의 열정만큼은 다른 어느 학교에도 뒤지지 않았다. 그 선수들을 뒷바라지하는 부모들의 열성 또한 마찬가지였다.

페어팩스 카운티의 고등학교 농구팀은 세 단계로 나뉘어 있다. 대표팀인 Varsity, 2진 팀인 Junior Varsity(JV), 그리고 9학년 선수들로만 구성된 Freshman 팀이다. 이 세 팀의 경기는 보통 같은 날 열린다. 9학년 팀 경기를 시작으로, 이어 JV 팀 경기가 진행되며, 마지막으로 Varsity 팀 경기가 치러지는 방식이다.

홈경기가 열릴 때는 많은 자원봉사자가 필요했다. 매표소에서 표를 팔고, 경기장 입구에서 표를 확인하며 프로그램을 나눠 줄 사람이 필요했다. 또한, 9학년과 JV 팀의 경기에서 게임시계를 조작하는 역할도 자원봉사자가 맡았다. 그중에서도 가장 큰 역할은 스낵바에서 음식을 판매하는 일이었다. 입장권 판매 수익은 경기하는 두 학교가 나눠 가졌지만, 스낵바 수익은 전액 홈팀 학교의 몫이었다. 그래서 선수 부모들은 돌아가며 자원봉사에 참여했다. 자신의 자녀가 속한 팀 경기는 관람할 수 있었지만, 다른 팀의 경기가 진행되는 동안에는 자원봉사를 해야 했다.

둘째가 농구를 했던 4년 동안 나도 여러 차례 자원봉사를 했다. 그중에서도 가장 재미있고 동시에 가장 기술이 필요했던 역할이 스낵바 운영이었다. 스낵바에서는 간단한 음식을 직접 만들어야 했는데, 팝콘도 그중 하나였다. 그러나 경기장에서 팝콘을 만드는 것은 집에서 만드는 것과는 차원이 달랐다. 일단 훨씬 많은 양을 만들어야 했고, 대량 생산을 위해 팝콘 기계를 사용해야 했다. 기계 작동법을 배워야 했는데, 기계를 다루는 데 익숙하지 않은 나는 꽤 애를 먹었다.

어느 날, 스낵바를 아내와 단둘이 맡게 되었다. 하프타임에 몰려올 관중들에게 판매할 팝콘을 만들던 중, 나의 부주의로 팝콘을 태우고 말았다. 덕분에 스낵바 안에 연기가 차오르기 시작했지만, 환기가 제대로 되지 않았다. 대신 스모크 알람이 울리기 시작했다. 그 소리는 경기장 안에서도 들리도록 설정되어 있어, 결국 경기가 중단되었고, 모든 선수와 관중은 규정에 따라 체육관 밖으로 대피해야 했다.

잠시 후, 소방차가 출동했다. 소방대원들이 도착해 별다른 문제가 없다는 것을 확인한 후에야 경기가 재개될 수 있었다. 그리고 그사이에 연기의 원인이 누구였는지도 밝혀졌다. 민망함을 감출 수 없던 나에게 여러 사람이 위로의 말을 건넸지만, 그렇다고 미안한 마음이 사라지는 것은 아니었다.

그러나 문제는 거기서 끝나지 않았다.

경기가 다시 시작된 후, 태운 팝콘을 모두 치우고 새로 팝콘을 만들었는데, 이번에도 또 태우고 말았다. 그리고 다시 경기 중단, 다시 소방차 출동. 결국 한 경기에서 두 번이나 경기를 중단시키는 초유의 사태를 만들어 냈다. 덕분에 나는 경기 중단의 주범이자 교육위원 아빠라는 타이틀을 동시에 얻게 되었다.

그 후, 일부 학부모들은 내가 교육위원으로 재직 중이니 이 기회에 학교 환기시설을 개선할 예산을 배정해 줄 수 없겠느냐며 은근히 로비를 해 오기도 했다.

그날의 일은 자녀를 키우며 했던 수많은 자원봉사 중에서도 가장 잊을 수 없는 경험으로 남아 있다.

찬물
1998년 5월 22일 - The Washington Media

"아빠! 맥주는 왜 마셔요?"

"응, 목이 특별히 마를 때 마시면 굉장히 시원하거든."

"찬물을 마시면 되잖아요."

"응, 맞는 얘긴데, 맥주를 마시면 긴장도 좀 풀리고 피곤한 것도 조금은 가는 것 같거든."

"마약도 그렇다는데요."

"…"

약 서너 주 전의 일이었다. 여느 때와 다름없이 교육위원회의 일과 관련된 모임을 마치고 밤늦게 집에 돌아왔다. 그날따라 목이 꽤 마르고 몸도 피곤한 것 같았다. 얼마 전 냉장고에 맥주 한 병이 남아 있었던 기억이 나 찾아 봤으나 보이지 않았다. 급히 2층으로 올라가 집사람에게 혹시 맥주 한 병이 남아 있지 않냐고 물어보다가 초등학교 4학년 큰아들로부터 이 같은 도전을 받았다.

큰아들과의 대화가 이 글의 서두처럼 이어지자, 아차 싶었다. 더 이상 대꾸할 말도 없었고 설득력 없는 대답이 크게 교육적이지 않다는 것과 오히려 아버지로서의 존경이나 권위를 잃는 지름길이 될 것 같았다. 결국 맥주를 찾는 것은 포기하게 되었다.

초등학생 아들 둘을 키우며 가능하면 모범이 되려고 부단하게 노력하지만, 모순을 드러내는 순간들이 한두 번이 아니다. 아마 나만 그런 것이 아닐 것이다. 고속도로를 주행할 때 속도제한 표시에는 분명 최고 속도가 시속 55마일로 표기되어 있는데, 그 속도를 지키는 부모들이 얼마나 될까? 많은 사람들이 경찰이 단속하지 않으면 "괜찮다"라며 10마일 정도 초과해도 한 번쯤은 괜찮다고 생각하며 자녀들을 차에 태운 채 속도위반을 저지르지 않는가? 경찰에게 걸리지 않으면 법을 어겨도 괜찮은 걸까? 아니면 속도위반 정도는 괜찮다는 걸까? 교통법규를 지키지 않아도 되는 것일까?

또한 학교에서는 담배나 술이 마약과 같이 몸에 해롭고, 특히 담배는 그중에서도 중독성이 강하므로 절대 피워서는 안 된다고 가르친다. 그럼에도 불구하고 자녀들 앞에서 담배를 피우는 부모는 없을까?

얼마 전 Fairfax County 공립학교 6학년 학생들이 다음 학기부터 '가정생활 교육' 과정의 일부로 시청해야 하는 비디오를 검토할 기회가 있었다. 그 비디오는 담배로 인해 사망하는 사람들의 수가 마약이나 음주

운전으로 사망하는 사람들의 수보다 훨씬 많고 경제적으로 낭비이며 주변 사람들의 건강도 해칠 수 있음을 강조한다. 그런데 만약 어른들이 담배는 괜찮다고 말한다면, 아이들은 학교에서 배우는 내용과 부모님의 행동 사이에서 무엇을 배울 수 있을까? 또한, 그런 부모에 대해 어떻게 생각할까?

혹시 우리 주변에 술을 "어른들 앞에서 배워야 한다"라고 말하며, 법적으로 술을 못 마시는 21세 미만 자녀들에게 술을 주는 부모가 있을까? 일부 부모는 맥주나 와인처럼 알코올 농도가 낮은 술은 괜찮다는 논리를 펼치기도 한다. 그들이 술을 마시는 것은 나쁜 일이 아니지만, 중요한 것은 자녀들이 본받을 수 있는 가치관과 인격을 기르는 것이다.

나도 가끔 맥주나 와인 한두 잔을 마시거나 손님들에게 권할 때가 있다. 그러나 자녀들에게 미칠 영향까지 고려하면 우리의 행동 하나하나에 좀 더 신중할 필요가 있음을 잊지 말아야 한다. 우리의 말과 행동이 일치하지 않으면 자녀들도 위선자로 자라게 될 수 있음을 기억해야 한다.

피자와 베이글
2020년 4월 24일

나는 고등학교 시절인 1974년, 미국으로 이민 오기 전까지 피자와 베이글을 전혀 알지 못했다. 어떻게 생겼는지는 고사하고, 이름조차 들어 본 적이 없었다. 대학에 입학하기 전까지 피자는 식품점에서 냉동 피자를 사 와 집에서 오븐에 구워 먹어 본 것이 전부였고, 식당에서 주문해 먹어 본 적이 거의 없었다. 베이글은 아예 먹어 본 적조차 없었다.

그러나 대학에 들어가면서 피자는 종종 먹을 수 있는 음식이 되었다. 특히 밤늦게 기숙사 방에서 공부하다 출출한 배를 채우려는 핑계로 공부를 잠시라도 쉬고 싶을 때가 피자를 먹을 좋은 기회였다. 기숙사 식당에서 저녁을 먹고 방으로 돌아오면 보통 7시 전이었다. 그때부터 책상에 앉아 공부를 하다가 10시쯤 되면 더 이상 집중이 잘되지 않아 중단하고 싶어졌다. 하지만 그대로 그만두거나 잠자리에 들기에는 너무 이른 시간이었고, 해야 할 과제들은 항상 쌓여 있어 그냥 포기할 수도 없었다. 그럴 때 배고픔이 좋은 핑계가 되었다. 그리고 이상하게도 그 시간만 되면 어김없이 배가 고파졌다.

기숙사 근처에 나와 친한 친구가 함께 즐겨 찾던 피자 가게가 있었다. 우리가 방문하는 시간에는 그곳이 항상 학생들로 붐볐다. 때로는 자리가 날 때까지 기다려야 했지만, 대부분은 곧바로 앉아 주문할 수 있었다. 우리가 주로 먹던 것은 기름이 자르르 흐르는 페퍼로니 피자였다. 아마도 몸에 가장 해로운 토핑이었겠지만, 입에는 가장 당기는 맛이었다.

그런데 피자 가게에서 항상 고민하게 되는 부분이 있었다. 바로 피자의 크기였다. 공부하다 출출해서 나온 것이니 한두 조각만 먹고 다시 공부하러 가는 것이 이상적이었다. 그러나 결국 친구와 나는 중간 사이즈 한 판은 먹어야 한다는 데 뜻을 모았고, 내친김에 2달러만 더 내면 두 배 크기의 큰 사이즈를 먹을 수 있으니 더 경제적이라는 논리를 내세워 결국 큰 사이즈 한 판을 시키곤 했다. 그리고 단 한 조각도 남기지 않고 모두 먹어 버렸다.

그렇게 피자를 먹고 나면 죄책감이 밀려왔지만, 다행히 나 혼자 그런 것이 아니라 친구와 함께했다는 점이 위안이 되었다.

문제는 거기서 끝나지 않았다.

배가 부른 상태에서 곧바로 다시 공부하는 것은 불가능했다. 너무 많이 먹어서 앉아 있는 것도 거북했다. 그래서 우리는 소화를 시킬 겸 기숙사 1층에 있는 스낵 코너에 들러 푸스볼 게임을 한판 하고 가자고 했다. 푸스볼은 일대일로도 할 수 있지만, 두 명씩 팀을 이뤄 네 명이 할 수도 있었다. 나와 친구가 한 팀이 되어 다른 학생들과 경기를 하곤 했다. 이긴 팀은 계속 경기를 할 수 있었고, 지면 기다렸다가 차례가 오면 다시 도전할 수 있었다. 우리는 그렇게 한참을 게임에 몰두했고, 그러다 보면 배가 꺼지는 것은 물론, 심지어 다시 배가 고파져 스낵 코너에서 베이글을 주문하기까지 했다.

베이글은 대학에 들어와 처음 접한 음식이었다. 하지만 한밤중에 토스터로 바삭하게 구운 베이글에 크림치즈를 발라 먹으면 맛이 기가 막혔다. 크림치즈를 조금이라도 더 달라고 하며 갖은 애교를 부리기도 했다.

이렇게 베이글까지 먹고 또다시 푸스볼 게임을 하다 보면 어느덧 잠자리에 들어야 할 시간도 훌쩍 지나 있었다. 기숙사 방으로 돌아가도 책을 다시 펼쳐 공부할 여력은 없었다. 이제 불과 몇 시간 후면 다시 일어나 씻고 아침을 먹고 수업에 들어가야 했기 때문이다.

이런 일이 반복되던 대학 시절이었다. 공부의 스트레스와 이를 극복하려는 비합리적이고도 건강하지 않은 방식이 서로 주거니 받거니 하던 시절이었다. 아마도 지금 나의 풍만한 배는 그때 축적된 지방층의 결과물이라고 해도 틀리지 않을 것이다.

그런데 그렇게 자주 찾았던 피자 가게가 이제는 사라졌다고 한다. 언제 문을 닫았는지는 모르겠지만, 더 이상 존재하지 않는다는 소식을 들었다. 아쉽다. 단순히 피자의 맛 때문이 아니라, 그곳에서 친구와 나누었던 많은 추억이 담긴 장소였기 때문이다. 그곳에서 먹었던 피자는 단순한 음식이 아니라, 대학 시절을 떠올리게 하는 특별한 기억이자, 지금까지도 잊을 수 없는 맛이었다.

에그푸영
2020년 5월 22일

요즘 코로나바이러스 사태가 가져온 변화 중 하나가 가정식 요리의 증가라고 한다. 평소 요리에 별 관심이 없던 사람들도 대범하게 시도하는 모습을 종종 볼 수 있다. 페이스북에는 자신이 만든 요리를 자랑하는 사진들이 올라오고, 특히 평소에 아내에게만 의존하던 남편들마저 거리낌 없이 자신의 작품을 선보이며 보는 이들의 눈을 즐겁게 하고 식욕과 호기심을 자극한다.

원래 요리와는 거리가 먼 내가 최근에 감히 요리라고 부르기도 민망한 계란말이를 시도해 보았다. 처음이니 당연히 레시피부터 검색할 수밖에 없었다. 유튜브 비디오도 몇 개 살펴보고 가장 간단한 방법을 택했다. 그럼에도 불구하고 나름대로 배운 것이 있다면, 계란말이는 약 70% 정도 익었을 때 말기 시작해야 한다는 점이었다. 또한, 준비한 재료를 한 번에 모두 프라이팬에 붓는 것이 아니라 절반 정도만 넣고 계란을 말면서 팬에 생기는 공간에 나머지를 두 번에 나누어 추가해 가며 익혀야 한다는 것도 알게 되었다.

난생처음 만든 계란말이가 예상보다 성공적이자 욕심이 생겼다. 이번에는 내가 좋아하는 야채를 더 넣어 보기로 했다. 기존 레시피는 무시하고 먹고 싶은 만큼 야채를 잔뜩 썰어 넣었다. 그런데 그렇게 하니 계란과 야채가 섞인 모습이 마치 예전에 어머니가 해 주던 빈대떡 반죽처럼 되었다. 결과적으로 예쁘게 말아지지 않고, 여기저기 터져 미국식 오믈렛에 가까운 계란 야채 부침이 되어 버렸다. 그러면서 문득 대학 시절 즐겨 먹던 에그푸영(Egg Foo Young)이 떠올랐다.

대학교 시절, 나는 주말이면 종종 MIT 캠퍼스로 놀러 가곤 했다. 내가 다니던 하버드보다 MIT에 더 친한 친구들이 많았기 때문이다. MIT에는 나처럼 비교적 늦게 이민 온 한인 학생들이 있었지만, 당시 하버드의 한인 학생들은 대부분 미국에서 태어났거나 어릴 때 이민 온 경우가 많아 나와는 문화적 차이가 제법 컸다. 미국에 온 지 몇 년 되지 않았던 나는 그런 차이로 인해 미국인들과도, 그리고 미국에서 성장한 한인 학생들과도 쉽게 어울리기가 어려웠다.

MIT 친구들과는 금요일 저녁이면 보스턴 차이나타운으로 가서 저녁을 먹곤 했다. 당시 차이나타운은 그리 크지 않았지만, 대학생인 우리에게는 비교적 저렴한 가격에 푸짐한 한 끼를 해결할 수 있는 곳이었다. 그리고 우리가 가장 즐겨 먹었던 음식이 바로 에그푸영이었다. 중국식 오믈렛이라 할 수 있는 이 음식은 값도 저렴하고 양도 푸짐했다. 돈을 조금 더 내면 고기나 해산물을 추가할 수도 있었지만, 주머니 사정이 넉넉지 않던 우리는 대부분 야채만 들어간 기본 메뉴를 선택했다. 특히 양파가 많이 들어갔던 것이 기억난다. 이렇게 준비된 계란 반죽을 프라이팬에 부쳐 밥 위에 얹고, 따끈한 그레이비소스를 듬뿍 뿌려 먹었다. 큰 그릇에 가득 담겨 나오는 이 음식은 고된 한 주를 마치고 친구들과 함께 나누는 최고의 즐거움이었다.

그리고 저녁을 먹은 후에는 늘 빠지지 않는 일정이 있었다. 근처 영화관에서 연속 상영하는 중국 영화 세 편을 몰아보는 것이었다. 주로 무협 영화나 사랑 영화였는데, 그것이 당시 학생들이 돈을 가장 적게 들이고도 최대한 즐길 수 있는 유흥이었다. 어두운 영화관에서 처음에는 잘 보이지 않던 주위 사람들이, 시간이 지나면서 하나둘 알아볼 수 있게 되었다. 그리고 종종 눈에 띄었던 것이 박사 과정 선배들이었다. 애인도 없고 재정적 여유도 없던 그 선배들도 결국 우리 어린 학부 후배들과 별반 다르지 않은 곳에서 같은 방식으로 주말을 보내고 있었던 것이다.

선배들을 발견하면 가서 인사를 드려야 했지만, 그때마다 그들은 어색한 표정을 지었다. 지금 생각해 보면 멋쩍어했던 그 선배들의 모습이 참 정겹다. 이후 학위를 마치고 한국으로 돌아가 요직을 맡으며 성공한 이들도 많았지만, 그들도 한때는 차이나타운의 허름한 식당에서 에그푸영을 먹으며 학업과 미래에 대한 고민을 하던 평범한 유학생들이었다.

이제는 그때 즐겨 가던 식당들도, 영화관도 사라졌지만, 마음속에서는 여전히 생생하게 남아 있다. 눈으로는 더 이상 볼 수 없지만, 기억 속에서는 언제든 다시 찾아갈 수 있는 곳들이다.

라면

2020년 4월 17일

오늘은 라면 이야기 좀 해 볼까 한다.

한때 코로나 팬데믹으로 인해 한인 사회에서 사재기 품목 중 하나가 되었던 라면. 가격도 저렴하고 조리도 간편해 간식뿐만 아니라 식사로도 많이 애용된다. 예전에는 종류가 몇 가지 안 되었는데, 요즘에는 너무 다양해 나도 이름을 다 외우지 못할 정도다.

나는 라면을 꽤 오랫동안 먹지 않고 있다. 맛은 좋지만 건강에는 그다지 좋은 음식이 아니라는 이야기를 듣고, 가급적 피하려고 노력한다. 그런데 나의 아버지는 다르다. 1973년, 우리 가족보다 1년 먼저 이민을 온 아버지는 그야말로 라면 애호가다. 아니, '애호가'라는 표현으로는 부족할 정도다. 이민을 온 이후 지금까지 매일 아침 식사로 라면을 먹는다.

라면 안에는 보통 계란 한두 개나 가래떡 몇 조각 정도만 넣을 뿐, 다른 재료는 거의 추가하지 않는다. 가끔은 점심도 라면으로 해결할 때가 있다. 아무리 건강에 좋지 않다고 말씀드려도 소용이 없다.

"내가 올해 87세인데, 50년을 매일 먹어도 이렇게 멀쩡한 걸 보면, 그렇게 나쁜 음식도 아니지 않느냐?"

아버지의 논리에 나는 쉽게 반박할 수 없었다. 그래도 혈압이 높으신 아버지를 생각해 염분 섭취를 줄여야 한다고 설득한 적이 있다. 그러자 아버지는 라면의 염분 함유량이 걱정할 정도가 아니라고 주장했다. 그래서 라면 봉지에 적힌 성분표를 함께 살펴봤다.

아버지가 즐겨 먹는 라면의 나트륨 함량을 보니 1일 권장 섭취량의 40%를 초과했다. 아버지는 그 숫자를 보더니, "그럼 나머지 두 끼에서 60% 미만으로 조절하면 되는 거 아니냐?"라고 태연하게 말했다.

하지만 그 함량은 라면 한 봉지를 2인분으로 계산한 기준이라는 사실을 알려 드리자, 아버지는 적잖이 놀란 눈치였다. 라면 한 봉지를 두 사람 몫으로 계산한다는 것은 전혀 예상하지 못했던 것이다. 그래도 라면을 포기할 수는 없었기에, 그 후로는 수프를 절반이나 1/3 정도만 넣어 먹기로 하셨다. 처음에는 싱겁다고 했지만, 점차 익숙해지더니 이제는 수프를 다 넣으면 오히려 짜서 못 먹겠다고 하신다.

대학교 1학년 때의 기억도 떠오른다.

밤에 공부하다 출출할 때 먹으려고 라면을 챙겨 갔었다. 기숙사에서 하나씩 끓여 먹으면 그 맛이 기가 막혔다. 처음에는 백인 룸메이트 셋이 신기한 듯 쳐다보기만 했다. 그러다 한 가닥씩 맛을 보더니, 나중에는 아예 돈을 줄 테니 한 봉지씩 끓여 달라고 했다.

그때 내가 값을 제대로 받았어야 했다.

하지만 단순히 원가만 계산했더니 한 봉지에 25센트밖에 되지 않았다. 룸메이트들은 당연히 부담 없이 주문했고, 결국 내가 아껴 먹으려고 챙겨 둔 라면은 순식간에 동나고 말았다. 가격을 올려 받을 수도 없고, 갑자기 더 이상 나눠 주지 않겠다고 선언할 수도 없어 난감했던 기억이 난다.

라면을 나눠 먹는 것이 항상 쉽지 않다는 걸 경험하면서도, 정작 나도 라면 주인을 괴롭힌 적이 있다.

로스쿨에 다닐 때였다.

당시 학부에 한인 학생들이 제법 있었고, 나는 형이나 오빠로 불리는 선배였다. 그 후배들 중 한 명은 기숙사에 살면서도 학교 식당 음식을 거의 먹지 않았다. 대신 직접 요리를 하거나, 외부에서 사 먹었다. 나는 그 후배의 방에서 종종 머물렀는데, 그의 주식은 라면이었다.

라면은 조리가 간편해 시간이 부족한 학생들에게 딱 맞았지만, 무엇보다도 비용이 적게 드는 게 가장 큰 이유였다. 넉넉지 않은 형편에서 생활비를 아끼려면 어쩔 수 없는 선택이었을 것이다. 하지만 문제는, 한밤중에 그 후배가 라면을 끓이기 시작하면, 한인 학생들이 하나둘 모여들었다는 것이다. 그리고 결국 한 박스씩 있던 라면이 순식간에 동났다.

나이 많은 선배라는 나도 거기에 빠지지 않고 당당히 동참했다. 지금

돌이켜 보면 참 부끄러운 일이다. 그렇게 얻어먹기만 할 게 아니라, 가끔은 라면 두세 박스라도 사 들고 가야 했는데 말이다.

그 후배를 가끔 만날 때마다, 그때의 미안한 마음이 떠오른다. 한 박스 빚이 아직도 남아 있는 기분이다.

사진 왼쪽에서 앉은 자세로 기타를 치는 사람이 나에게 많은 라면을 헌사(?)했던 장선욱 목사. 소프트웨어 엔지니어로 풀타임 일하면서 작은 교회의 목회도 하고 있다. 2023년 11월, 나의 교육위원 선거 후 당선 축하 파티 때 친구와 함께 3시간 거리를 마다치 않고 올라와 음악을 선사했다.

아이스크림
2023년 5월 26일

별안간 아이스크림이 간절했다.

지난주 토요일, 페어팩스 카운티 교육위원 선거의 민주당 경선 현장 투표 날이었다. 오전 10시부터 오후 4시까지 단 하루, 현장 투표가 진행되었고, 일주일간 이어졌던 온라인 투표도 같은 시각 종료될 예정이었다.

며칠째 잠을 설친 탓인지, 그날도 아주 이른 시간에 눈이 떠졌다. 몽롱한 상태로 일어나 커피부터 한 잔 마셨다. 다행히 자원봉사 대학생이 아침에 라이드를 해 줄 필요가 없다고 연락해 왔다. 덕분에 약간의 여유가 생겼다.

아침으로 무엇을 먹을까 고민하다, 따뜻한 음식이 생각났다. 계란프라이를 세 개나 부쳤다. 노른자가 덜 익은 계란을 한입 베어 물었을 때, 왠지 모를 위안이 느껴졌다. 배도 든든했다. 점심거리는 간단히 챙겼다. 바나나 두 개, 오렌지 하나, 삶은 계란 하나, 익힌 고구마 하나, 그리고 물 두 병. 그렇게 준비를 마친 후, 투표자가 가장 많이 모일 것으로 예상되는 투표장으로 향했다.

날씨는 화창했다. 그날로 페어팩스 카운티 민주당이 지지할 교육위원 후보들이 결정될 터였다. 기존 민주당원 천여 명과 일반 유권자 삼천삼백여 명 중, 현장 투표를 해야 하는 사람은 150명도 되지 않았다. 하지만 온라인 대신 현장을 찾는 유권자도 있을 것이기에, 한 표도 소홀히 할 수 없었다. 투표장에 오는 유권자들에게 좋은 인상을 남겨야 했다.

오전 11시쯤, 라이드가 필요하다는 어르신 그룹의 책임자로부터 전화가 왔다. 예정된 시간보다 한 시간 일찍 차를 보낼 수 있겠냐는 요청이었다. 운전을 맡기로 한 자원봉사자들에게 연락했다. 다행히 가능하다는 답이 왔다. 휴….

그런데 한두 시간이 지나도 투표장 앞을 찾는 유권자는 손에 꼽을 정도였다. 정오쯤 한 명의 학생 자원봉사자가 도착했지만, 투표율이 낮아 분위기는 어색할 정도로 한산했다. 준비해 온 점심을 다 꺼내 먹기도 미안한 상황이었다. 바나나 하나를 허겁지겁 먹으며 허기를 달랬다.

투표장에는 나와 같은 광역구 후보 한 명, 그리고 헌터밀 지역구 후보 한 명이 함께 있었다. 우리는 서서 이런저런 이야기를 나누며 시간을 보냈다. 간혹 투표자가 나타나면, 세 명 모두가 극진한 태도로 맞이했다. 투표 결과는 개표 후 오후 4시 30분쯤 발표될 예정이었다. 후보자들에게는 문자 메시지로 통보될 가능성이 크다고 했다.

투표 종료 30분을 남기고, 허기가 밀려왔다. 가져온 삶은 계란 하나를 입에 밀어 넣었다. 하루 동안 계란을 네 개나 먹은 셈이었다.

그리고 오후 4시.

그 투표장을 찾은 유권자는 고작 13명에 불과했다.

투표가 끝나자마자, 투표자들에게 나눠 주려 준비해 둔 홍보물과 도시락을 급히 챙겼다. 이제 어디로 갈까 잠시 고민하는데, 아이스크림이 떠올랐다. 뭔가 단 것이 필요했다. 연속된 수면 부족과 투표장 밖에서 오랜 시간 서 있었던 피로가 긴장감과 뒤섞여 탈진할 것 같은 기분이었다.

곧장 편의점으로 차를 몰았다. 그리고 아이스크림콘 하나를 샀다. 게 눈 감추듯 순식간에 먹어 치웠다. 그제야 조금 살 것 같았다.

오후 4시 20분. 이제 곧 투표 결과가 나올 시각이다. 어디로 갈까. 집으로? 아니다, 민주당 사무실로 가야 한다. 차를 몰면서도 수시로 핸드폰을 확인했다. 스크린이 꺼지면 바로 손으로 화면을 다시 켰다. 4시 30분이 다 되어 가는데, 연락이 없었다.

초조해진 나는 경쟁 후보 중 친하게 지내던 후보에게 메시지를 보냈다.

"아무 소식 없나?"

"없다."

다행이었다. 적어도 내가 낙선했다는 뜻은 아니니까.

4시 30분. 여전히 연락이 없었다. 운전하며 핸드폰 화면을 계속 확인했다. 4시 37분.

그때, 교육위원회 의장으로부터 메시지가 도착했다. 두근거리는 마음으로 곧바로 클릭했다.

단 한 단어.

"Congratulations!"

지난 1월에 돌아가신 아버지.

별안간 아버지가 간절했다.

맺음글

나의 세 번째 책인 『스카이힐 교육위원 이야기』의 출판 준비를 거의 마친 지금, 오래전부터 알고 지내던 제리 코널리 연방 하원의원의 장례식을 며칠 앞두고 있다. 코널리 의원과 나는 1995년 처음으로 나란히 선거에 출마해, 나는 교육위원으로, 그는 카운티 슈퍼바이저로 각각 당선되었다. 이후 그는 슈퍼바이저 위원장을 거쳐 2009년부터는 연방 하원의원으로 활동하며 아홉 번 연속 당선되는 기록을 세웠다. 그러나 암이 재발하여 치료를 받던 중 끝내 유명을 달리했다.

올해 들어 코널리 의원뿐 아니라, 30년 전 나와 함께 교육위원으로 첫 선거에 당선되었던 또 다른 두 친구들도 떠나보냈다. 2월에는 흑인으로서는 최초로 교육위원회의장을 지낸 밥 프라이가, 4월에는 26년간 교육위원으로 봉사한 제니 스트라우스가 세상을 떠났다. 모두 나보다 나이는 많았지만, 코널리 의원의 경우는 겨우 75세, 그러니까 나보다 겨우 일곱 살 위였다.

이들과의 작별은 나에게 많은 생각을 하게 만든다. 내 인생에 남겨진 시간을 어떻게 보내는 것이 가장 의미 있을지를 곱씹게 된다. 이 책에 실을 글들을 추리고 다시 읽으며 정리하는 동안, 언젠가 또 다른 책을 낼 기회가 있다면 그때는 어떤 글들을 담게 될까 하는 물음도 떠오른다.

이번 책을 준비하며 얻은 또 하나의 깨달음은, 첫 번째 책을 만들 때보다 욕심이 줄었다는 점이다. 반면, 독자들에게 과연 내세울 만한 글들인지에 대한 미안함과 스스로에 대한 자책도 있다. 혹시 자기도취에 빠져 책을 준비한 건 아닐까 하는 의구심도 들었다. 이렇게 책 말미에 이 글을 덧붙이는 것도, 어쩌면 독자들의 너그러움을 구하고 비판을 피하고자 하는 무의식적 바람 때문일지도 모른다.

하지만 이제 책 출판을 멈추기에는 너무 늦었다. 바쁜 학업 중에도 기꺼이 협력해 준 김예서 양에게 실망을 안길 수도 없다. 어쩌면 처음부터 중간에 포기하지 않기 위해 고등학생을 파트너로 선택했는지도 모르겠다. 이제 이 책을 마무리하면, 예서 양에게 약속한 대로 영문판인 『Skyhill Immigrant Stories』 출판 준비도 곧 시작할 예정이다.

밥 프라이 씨와 한 행사장에서

제니 스트라우스(2019년)

제리 코너리 하원의원(2008년)

일러스트레이터의 소감

『스카이힐 교육위원 이야기』의 일러스트레이터로 참여한 것은 제게는 가장 의미 있는 경험 중 하나였습니다.

한국인 이민자로서의 여정을 담은 문일룡 교육위원님의 글을 읽으며, 제 가족의 이야기가 떠올랐습니다. 위원님이 나눈 경험들은 단지 그분만의 것이 아니었습니다. 그것은 수많은 이민자 가족들이 지닌 조용한 강인함을 대변하는 이야기였습니다. 낯선 땅으로의 이주는 어렵고 불확실하지만, 동시에 용기 있고, 의미 있으며, 아름다운 여정이라는 것을 다시금 깨닫게 해 주었습니다. 저는 아주 작고, 조용한 순간들 속에도 기억할 가치가 있는 무언가가 있고, 그 안에는 한없이 깊고 넓은 감사함이 담겨 있음을 느꼈습니다.

저는 각 페이지를 그려 나가며, 자연스럽게 제 주변 사람들과 소중한 기억들을 떠올리게 되었습니다. 얼마 전, 저는 여객기 5342편의 공중 충돌 사고로 옛 코치를 잃었고, 비극적인 교통사고로 친한 친구를, 그리고 연방의회 미술대회를 통해 인연을 맺었던 연방 하원의원의 부고까지 접했습니다. 그들을 떠올리며 단순히 기억하는 것을 넘어, 우리가 함께 나눈 이야기와 그 순간들, 그리고 그것이 제게 어떤 시각을 심어 주었는지를 되새겼습니다. 이 프로젝트는 저에게 그런 감정들을 조용하고도 예상치 못한 방식으로 마주할 수 있는 기회를 주었습니다.

　예술은 언제나 큰 목소리로 말하지 않아도 깊은 의미를 전할 수 있습니다. 말이 없이도 이야기를 전할 수 있는 힘이 있습니다. 예술의 진정한 아름다움은 색감이나 기법보다는 그 작품과 그것을 바라보는 사람들 사이에 연결을 만들어 내는 데 있다고 생각합니다. 저에게 일러스트 작업은 단순히 다른 사람의 이야기를 그리는 것이 아니었습니다. 그 이야기를 존중하고, 이해하며, 그 안에서 제 자신의 모습을 찾아가는 과정이었습니다.

　이처럼 소박하고 조용한 이야기 속에도 우리가 보고, 느끼고, 기억할 수 있는 소중한 것들이 얼마나 많은지를 일깨워 주는 작업에 함께할 수 있어 참 감사했습니다.

　무엇보다도, 이런 특별한 기회를 제게 주신 문일룡 교육위원님께 다시 한번 더 진심으로 감사드립니다. 이 프로젝트는 저를 예술가로서뿐만 아니라 한 사람으로서도 한층 더 성장하게 해 주었습니다. 일상의 평범한 순간들 속에도 조용한 힘이 담겨 있다는 사실을 다시금 느낄 수 있었고, 그 순간들을 세상에 담아낼 수 있어 영광이었습니다.

　이 책을 읽는 많은 분들이 일상 속에서 용기와 희망을 얻고, 행복을 발견하는 계기가 되기를 진심으로 바랍니다.

2025년 5월

김예서

작년 크리스마스 가족사진

저서 소개

『스카이캐슬 교육위원 이야기』

2020년에 출간된 이 책은 고등학교 시절 전 가족이 이민하여 미국에 정착한 변호사 출신 저자가, 민선 교육위원과 카운티 기획위원 등 미 주류 사회에서 오랜 기간 활동하며 겪은 경험을 바탕으로 쓴 글들을 담고 있다. 저자는 20여 년간 한인 동포 사회 언론에 기고한 약 700편의 칼럼 중 일부를 엄선해, 교육 이슈는 물론 미국 사회와 이민 사회에 대한 자신의 생각과 느낀 점을 풀어 낸다. 자녀를 키우는 부모뿐 아니라 교육에 관심 있는 모든 이에게 일독을 권한다.

『Hamburger Coke』

이 책은 위에 소개한 『스카이캐슬 교육위원 이야기』의 영문판으로 2021년에 출간되었다. 제목은 저자가 교육위원 자격으로 공립학교 청소 직원들의 훈련 프로그램 종강식에 참석해 전한 격려의 메시지에서 유래했다. 당시 저자는 영어에 대한 두려움 때문에 치즈버거 대신 늘 햄버거만 주문하는 이민자 직원들의 예화를 들며, 주눅 들지 말고 당당하게 자신의 권리와 꿈을 찾아 나가야 한다고 응원했다. 이 책은 그와 같은 경험을 바탕으로 한 이야기들을 통해, 이민자의 삶과 교육 현장을 생생하게 전한다.